チャールズ・ローゼン
キャサリン・テマーソン

演奏する喜び、考える喜び

笠羽映子訳

みすず書房

PLAISIR DE JOUER, PLAISIR DE PENSER

by

Charles Rosen
Catherine Temerson

Foreword by

Israel Rosenfield

First published by Manuella Éditions, Paris, 2016

演奏する喜び、考える喜び

Photo：Catherine Temerson

チャールズ・ローゼン

（Charles Rosen　1927–2012）

コンサート・ピアニスト、音楽批評家・理論家。ニューヨークに生まれる。卓越したピアニストであると同時に、大学で教鞭をとり、多くの著作を執筆する。著書に『ピアノ・ノート』『古典派音楽の様式』などがある。

Photo：Peter Michael Kagan

キャサリン・テマーソン

（Catherine Temerson　1944–2015）

ニューヨークの Ubu Repertory Theater の文芸部長。エリ・ヴィーゼルなどの英語への翻訳を多数手がける。

目次

緒言

ヨーハン・ゼバスティアン・バッハの名高い諸作品――例えば《平均律クラヴィーア曲集》《ゴルトベルク変奏曲》《パルティータ》《イタリア協奏曲》《フーガの技法》――のほとんどすべては、家庭で学習し、演奏するための教育的な作品の典型である。つまり、それらが演奏されたかもしれないような類の演奏会はバッハの存命中には存在しておらず、彼はそれらの公開演奏を多分けっして計画しなかった。実際、彼の作品の大部分の公開演奏は主に二十世紀の創出である。

チャールズ・ローゼン『音楽評論集』[1] より

もし音楽が――「バッハは自分のために演奏した」とチャールズが書いたように――私的な音楽会のために作曲されたのなら、キャサリンとチャールズは自分たちのために、そして自分たちのデュオのために演じた。彼らは一連の私的な音楽会や、文学、建築、科学、そしてもちろん、音楽をめぐる私的な討論や、食事会を催したものだった。二人とも執筆することが好きで、キャサリンは翻訳することも好きだった。キャサリンはチャールズに一冊の本を皆で一緒に作ることを提案し、チャールズは本は作りたいけれど、ただキャサリンだけと一緒にと言った。少女時代から、キャサリンはチャールズやテマーソン一家の近しい友人だった音楽家仲間たち——とりわけ、エリオット・カーター、アーサー・バーガー、ディミトリ・ミトロプーロス——をよく知っていた。彼女の母親は画家で、父親はヴァイオリン奏者だった。キャサリンの母親は見事な食事を用意し、父親はチャールズとソナタを演奏したものだった。彼らは音楽のために生きていた。

　けれども音楽だけが二人を結びつけていたのではなかった。キャサリンはニューヨーク大学から比較文学の博士号、チャールズはプリンストン大学からフランス文学の博士号を得た。キャサリンの父はフランス人で、彼女は一時期フランスで育ち、バイリンガルの教育を受けた。キャサリンの母はロシア人で、キャサリンはロシア語も話し、サラ・ローレンス・カレッジとハーヴァード大学でロシア文学を学んだ。チャールズはフルブライト奨学生としてフランスに留学した。

　彼らの私的な音楽会は、それ自体がひとつの喜びであり、公開の音楽会という別種のものの準備でもあった。キャサリンほど良い対談相手はいなかった。彼女はただ受け身でチャールズの話を聞くのではなく、チャールズと話し合い、彼の考えがはっきりしていく手助けをした。

エリオット・カーターの音楽やキュービズムの絵画との類似が考えられるかもしれない。それらは両方とも多様な視点に立っている。議論や著述や演奏の喜びを創り出したのは、そうした多様な視点である。

シューベルトやシューマンの歌曲集、あるいはベートーヴェンのソナタ《告別》において、過去と現在が同時に表現されているのと同様に、キャサリンとチャールズの対話では、彼らが知っていた音楽家や芸術家たちが登場し、二人の会話の中で活気づく。ここでの対話は独自の作品であり、拡大された音楽概念を呼び覚ます。そこからもたらされるのは二つの喜び、ひとつは筋肉の喜び、もうひとつは知的な喜びである。

チャールズはエリオット・カーターの《二重協奏曲》[2]について次のように書いている。「作品が書かれた時、演奏者たちは——少なくとも内々では——、一緒に演奏するのをより容易にする中心的なリズムの欠如に面食らった。丁度画家たちが、キュービズムの絵画で中心的視点の欠如に奇妙な不安を感じたのと同様だ。視点の多様性は二十世紀の芸術的想像力にとってもっとも重要なものとなった。」まさに多様な視点、文学、科学、絵画、そしてもちろん音楽の素晴らしい総合こそが、キャサリンとチャールズの本を喜んで楽しく読み、考えるものにしている。

イズリアル・ローゼンフィールド[3]

音楽分析

L'analyse musicale

キャサリン・テマーソン（以下**テマーソン**） チャールズ・ローゼン、あなたは国際的に活躍するピアニストであると同時に、多くの国で称賛に満ちた批評を得た四冊の書物[1]の著者でもあります。そのように音楽作品を分析し、その技法を発見することを楽しむ演奏家は滅多にいません。とはいえ、音楽家たちが出会えば、音楽の話をすると私は信じて疑いませんけれど…

チャールズ・ローゼン（以下**ローゼン**） ええ、そうですね。ほとんどすべての音楽家たちは話す必要を感じていて、まず、彼らは技術的な知識を語り合います。特に、二人のオーボエ奏者を同じ集いに招いてはいけないのは周知のこと！ 彼らは葦〔オーボエのダブルリードは二枚の葦の薄片からなる〕のことばかり話しますから。どうやって葦を乾燥させ、どうやって削るかとか…そこにファゴット奏者が加わったら、会話はいっそう活発になります。彼にも一家言あるからです！ ピアニストたちは運指法をあれこれ勧め合いますが、時には逆に、自分の指使いを隠すことに意地の悪い喜びを覚えたりもする…

ただ、音楽家たちはそうした「技術的な」議論にとどまるわけではなく、たいてい、彼らの会話は喜びの観念を巡って展開します。和声的あるいは旋律的な特質が格別の興味を提供するパッセージ、また、たとえば、聴いても知覚できない内声部〔多声部の楽曲で最上声部と最下声部の間に位置する声部〕が認められるパッセージを彼らは示し合います。その場合、彼らは、心ならずも、批評家です。語ることは、ひとつの作品のもっとも興味深く、もっとも独創的な特性を浮かび上がらせるひとつの方法です。それは余計で逆説的だと思われるかもしれない。つまり或る楽曲を演奏するだけで、それが含み持っているもっとも美しいものやもっとも驚異的なものを聞かせるには十分だと思うことも可能でしょう。でも事はそう単純ではありません。演奏者が自分の好きな作品のひとつを演奏する場合、自分にもっとも多くの喜びを獲得させてくれるパッセージを実際のところ強調しがちで、引き立てたり、遅めに演奏したりします。けれどもそうしたパッセージは逆に、てらいなく演奏した方が価値は高まります。モーツァルト、ショパン、あるいはベートーヴェンの作品のもっとも美しい瞬間のいくつかは、控え目に、慎み深く演奏される場合にしか美しくない。とはいえ、それらの目立たない特質は指摘されるに価します。それらを「指摘する」ことはすでに批評や音楽分析をすることで、音楽の喜びに到達するひとつの手段なのです。

音楽家たちがひとつの作品の中で自分たちの気に入らないものについて語ることは稀です。時には特定の冗長さや、公衆の注意を繫ぎとめる難しさを嘆くことはありますが。もちろん、えてして同様に彼らは、オーケストラ指揮者や自分が演奏しなくてはならない楽器について嘆いたりします。けれども、一般的に言って、これこれの作品で、彼らに喜びをもたらしてくれるものをとりわけ話題にします。「上質の」批評は他のことはしません！

芸術は喜びのために作られるという言葉はもっとも古い決まり文句ですが、本当です！　文学は快いと同じくらい有用だと言われ、音楽についても同じだと証明しようと努められてきました。誰も本当にはそう信じていないと私は思いますが。音楽は魂を教育し、感受性を研ぎ澄ますひとつの方法ですが、音楽が喜びをもたらす場合にのみ役立ちます。その喜びは、やむにやまれぬ必要、精神的必要と同様に肉体的必要として、音楽に取り組むすべての人々にはっきり現れます。

テマーソン　芸術表現、その重要性は、そのように一貫して、喜びと有用性という二つの言葉にかかっている…

ローゼン　芸術の有用性という概念は古代、とりわけローマの大いなる伝統に遡ります。ホラティウス〔BC六五～BC八　ローマの詩人〕は「心を和らげ、有用な」芸術について語っています。音楽は魂を敏感にし、魂が感覚の洗練を評価したり感情を理解したりできるようにすると、ギリシャ人たちは考えていました。ですから音楽はとても大きな重要性を持ち、良い市民を育成する以上、音楽は有用だと国家は見なすわけです。けれども音楽は喜びを与える場合にしか有用ではあり得ない。なぜなら私たちの魂は嫌いな音楽によっては感化されないでしょうから。

　ギリシャ悲劇は殺害や近親相姦といったひじょうに残酷な主題を舞台化します。問題とされているのは魂を高めることで、劇作家は技量を尽くしてそう努めます。たいへん古い哲学的伝統に従えば、ギリシャ悲劇の恐ろしい場面の崇高な上演は精神を研ぎ澄ませ、人間の思考法や性格をより良く理解することを私たちに可能とします。これらの考えは私のものではなく、私は古典的な考えを要約しただけです。

テマーソン　とはいえ、あなたはそれらの考えに賛成しているのですか？

ローゼン　未だかつてそうしたことを自問したことはありませんね。道を渡る前に、横断歩道を渡るべきか、青信号を待つべきか自問したことがないのと同じです。それは意見に関わる問題ではないのです。古典芸術を評価するためにはその美学的基礎を受け入れる必要があるという限りにおいて、それに同意するだけです。興味深いのは、今日、有用なものと快いものとの間のバランスが激変したことです。十九世紀、あるいはそれ以前ですら、劇作家たちは、もはや崇高なものに高められない主題を活用し始めました。現実を表現するために、小説は人間生活のあらゆる側面を、もっとも日常的でもっとも低劣な行為でさえも表現すべきだ、とフリードリヒ・シュレーゲル〔一七二二～一八二九　ドイツの文学史家・哲学者・詩人〕は明言しています。この考えは、原則的にロマン主義者たちによって確立されました。

テマーソン　各々の時代様式の特徴を詳しく検討する前に、あなたが受けた教育について話していただきたく思います。何歳の時、どのような状況で、あなたの音楽に対する才能や興味が明らかになったのですか？

ローゼン　プロの道に進んだピアニストがほとんど例外なくそうだったように、私はとても幼い頃、三歳か四歳で演奏し始めました。わが家にはピアノがあって、私の母は、夕食への招待客のある時以外、毎日夕方の五時から六時のあいだ、ピアノを弾いていました。乳幼児の頃、母がピアノを演奏しない晩には泣き喚き始めたらしい。でも、それがピアノに対する早熟な関心によるものだったかは疑っていますが。きっと私は、ピアノの音を母の手が空いていることや、よそ者がいないことに結びつけていたのでしょう。多分、私はよそ者を追い出すために自分で演奏し始めたのかも…　それもひとつの理屈にはなるな！

　多くの子供同様、私は鍵盤をぽんぽん叩き、自分の旋律を作り始めました。四歳の時、私はピアノの稽古がしたいと言い張りました。近くに住んでいた女性のピアノの先生を私は辟易させてしまい、先生を悩ませるのを私がやめるよう、両親は、家から遠いところの別の先生、ドイツ人の相当ぼんやりした老婦人を見つけました。数か月後、母は私が譜読みを知らず、記憶で弾いていることに気づき、新しい曲を弾き聞かせることから始めないよう、先生に頼みました。才能に恵まれた子供にはありがちなことだけれど。七歳で、私はジュリアード・スクール〔おそらく土曜日の年少者のためのプレカレッジ〕に入学しました。ピアニストになりたいということはすでに分かっていました。十一歳で、リストの弟子であり、ブラームスの友人だったモーリツ・ローゼンタール[2]の許で勉強し始めました。彼の自宅に行き着いたわけです。私たちは歯医者が同じだったのです！　彼の奥さんヘドウィグ・カンナー[3]はとても有名なピアノ教師で、彼女はレシェティツキ[4]という、シュナーベル[5]やヴィーンのあらゆる偉大な名演奏家の先生だった人物の許で研鑽を積みました。原則的に、私は週一回ローゼンタール夫人のレッスンを、そして月一回は彼女のご主人のレッスンを受けることになりました。ローゼンタールは七十五歳で、もうほとんど公開の場で演奏しなくなっていて、退屈していました。その後私は週二回彼らの自宅に通うようになり、ローゼンタール夫人とのレッスンが終わると、彼女は「さあ年寄りを楽しませに行って！」と言ったものです。彼女には技術を学び、彼とは特にフレージングについて話し合いました。

彼はいつもきわめて丁寧親切でしたね。ある時、私がブラームスの《ヘンデルの主題による変奏曲》を弾いていたら、私の演奏を止めて、どうしてテンポを速めるのかとたずねたのを覚えています。私は「ポーコ・ピュー・モート（少し一層速めて）」という指示があると答えました。彼は、齢のせいで少しぎこちなく立ち上がり、楽譜を眺め、私に言いました。「まさに君の言う通りだ。ブラームスは僕が弾きたいようにさせてくれたんだね。残念ながら、僕は図に乗りすぎた…」と。私が間違っているとか、私のしていることは間違いだとは決して言わなかった。「僕はこの曲に違う考えを持っている」と言って、演奏してみてくれたものです。とても素晴らしい経験だった…　私は彼にリストの教育法について話してくれるよう頼んだけれど、それについて彼が言ったのは、カフェから連れ出し、仕事場に来させるのが難しかったということだけでした。残念ながら、ローゼンタールはわずかしか録音を残していません。キャリアの絶頂にあった二〇年代には、シューマンの《幻想曲》やブラームスの《パガニーニの主題による変奏曲》のような、彼が評判を取っていた主要作品はまだ録音されなかったのです…

テマーソン　ローゼンタールはどのようにしてブラームスの友人になったのですか？

ローゼン　どうやって彼と知り合ったかをローゼンタールは私に話してくれました。彼は当時二十五歳くらいだったはずです。ヴィーンには、観客が丸いテーブルの周りに座って、演奏会の間飲み物が供されるホールがあり、そのひとつでローゼンタールはリストの《〈ドン・ジョヴァンニ〉の回想》をまさに弾こうとしていました。ブラームスはテーブルのひとつに、舞台に背をむけて座っていました。野心的な若者は、絶対ブラームスを振り向かせなければと思いました。楽曲が始まって二分後、右手は格別難しい三度の重音で半音階を弾かなくてはならず、実際それはとても速く、力強く弾く必要があります。それで、ローゼンタールは三度間隔の二つの半音階を一緒に、両手で弾いた！　もちろん、ブラームスは彼を眺めるために振り向いた。仰天するようなことだったに違いありません。

　そうした三度重音の半音階を左手も動員して演奏する技術を練習するピアニストはひじょうにわずかしかいません。ローゼンタールの時代でさえ、とても稀だった！　演奏会が終わると、ブラームスはローゼンタールに会いに行き、ブラームスのもっとも技術的に難しい作品《パガニーニの主題による変奏曲》を弾いてくれるよう頼みました。

　どうしてブラームスが驚かなかったわけがあるでしょう…　二〇年代の幾つかのディスクか

らローゼンタールの驚異的な技巧が理解できます。ショパンの《黒鍵のための練習曲》〔十二の練習曲、作品十、第五曲〕で、彼はオクターヴをグリッサンドで演奏するのに成功しています。白鍵上でそうするのがすでにとても難しいのに、黒鍵上でです！ 私など、そう考えるだけで指が痛くなってしまう… 十四歳の時、《パガニーニの主題による変奏曲》で、彼は白鍵上でオクターヴのグリッサンドを演奏する方法を教えてくれ、とりわけあまり速く弾きすぎないようにと注意しました。それはモデラートのテンポだと一層難しいのだけれど、何たる効果！

テマーソン　ローゼンタールはもっと勉強するよう励ましてくれたのですか？ 彼の影響は技術を超えて及んだのでしょうか？

ローゼン　ええ、彼は自分の生徒たちが対位法、和声、作曲を勉強することを要求していた… ヴィーンでマーラーの助手だったことのある作曲家カール・ヴァイグル[6]に私は個人授業を受けました。他方で、ローゼンタールは大学で勉強するよう勧めました。彼自身ギリシャ語を読めたし、ヴィーン大学で法学の学位を取得していました。それで私はニューヨークから一時間半のところにあるプリンストンへ行きました。

テマーソン　そして…　あなたはフランス文学を勉強したのですね！

ローゼン　告白するのは少々具合が悪いのだけれど、音楽研究で学位を獲得するのは私にとって楽すぎると思われました。とはいえ、プリンストンの音楽学部は、当時、おそらく世界で最良の学部でした。私は何人かの教授、とりわけオリヴァー・ストランク[7]、ミルトン・バビット[8]、ボフスラフ・マルティヌー[9]ととても親しくなり、時々彼らの講義に出席しました。フランス語部門の部長でヴォルテールの専門家だったアイラ・ウェイド[10]は大学でもっとも面白く輝かしい教授のひとりでした。この人物、あるいはジルベール・シナール[11]のような、全員大変な碩学であるウェイドの同僚たちが及ぼす魅力にどうして抵抗できたでしょうか？　私は博士の学位まで、七年間すべての研究をそこでやりました。その後、奨学金を得て、二年間、フランスで過ごしました。大学生活は私に合っていました。ピアニストとしてのキャリアを並行して続け、日に四時間ピアノの練習ができましたから…　帰国すると、コンサート・ピアニストとして生計を立てられる契約を手に入れる前、一年間マサチューセッツ工科大学（ＭＩＴ）でフランス文学を教えました。

　頻繁にシカゴで演奏しました。シカゴ交響楽団以外の同市の演奏会すべてをプロデュースしていたハリー・ゼルザーと私は契約しました。ゼルザーは毎年十四人のピアニストからなる一連のリサイタルを企画していました。そこにはとても有名な巨匠と何人かの新進演奏家が含まれていました。彼によれば、その催しは助成金なしで採算の取れる合衆国中唯一のものでした。皆、ルドルフ・ゼルキンのようなピアニストでさえ、少ないギャラで演奏するのを受け入れていました。演奏会はオーケストラ・ホールという二千席の会場で行なわれていました。千四百席は十四のリサイタル全部の定期予約で、残りは各演奏会毎に販売されていました。そこで四シーズン演奏した後、ゼルザーは私のギャラを増額するという思いがけない贈り物をしてくれました。初めて、私は定期予約者ではない聴衆を惹きつけたんです！

テマーソン　当時はアメリカの音楽生活の黄金期だったのですか？

ローゼン　私がデビューした五〇年代には、経済状況はすでに一層厳しくなっていました。三〇年代や四〇年代には、五百人収容のホールで演奏することが可能で、演奏会は採算が取れていました。アーティストは自分で旅費を負担するのに十分な金額すら稼げていた。今日、ホテル代や飛行機代を含め、助成金なしでは考えられません。聴衆の数が以前より減っていると嘆く人がいますが、まったく違います。聴衆は増えているけれど、費用の方がそれ以上の速度で増大しているのです！

テマーソン　あなたの少年時代のアイドル、あなたがとても好きだった作曲家を覚えていますか？

ローゼン　七歳から十三歳の間、私のお気に入りの作曲家はヴァーグナーでした。ラジオを聴いて、彼の音楽に浸っていました。はじめて出かけたオペラ公演は《ジークフリート》です。私は八歳でした。オーケストラ部分をピアノ用に縮約した声楽スコアを貰ったので、初見で譜読みをし、毎日演奏していたものです。しまいには暗譜してしまいました。公演は私を驚嘆させ、ソプラノ歌手に魅了されました。彼女は私がピアノで弾いていた音符をすべてまったく正確に歌って聞かせたのです。後になって、最初のオペラ体験だったから思い出が美化されたのだとも思いましたが、全然そうではなかった。最近ディスクを買い、私が聞いたのはフリーダ・ライダー[12]で、彼女がニューヨークに歌いに来たただ一つのシーズンのことだったと知りました。その後他の大歌手を聞きましたが、彼女は例外的でした。

とにかくヴァーグナーが大好きでした。今でも好きですが、崇拝しているわけではありません。子供の頃、復活祭の時には毎年、安い立ち見席で几帳面に《パルジファル》を聴きに行ったものです。

テマーソン　ピアニストの演奏をよく聞きに行きましたか？

ローゼン　ええ、とても頻繁に。幸いなことに、しばしばがっかりし、もっとうまくやろうという意志を抱いて音楽会場から出ていったものです。随分年少の頃でも、私はレパートリーを相当良く知っていました。たびたび私は初見で譜読みをして楽しんでいました。様式についてはとてもはっきりした先入観を持っていて、それが厳格であることを望んでいました。その後少し変化したけれど…

テマーソン　モーリッツ・ローゼンタールはリストの弟子で、ブラームスの友人でしたね。彼はロマン派の音楽に対して目立った好みを示していましたか？

ローゼン　もちろんです！　ショパンのマズルカの彼の演奏は実に見事でした。私が十一か十二歳だった頃、とりわけ私を驚かせたのは、鍵盤上で手をほとんど動かさずにひとつの和音のどの音符も弾けるということでした。私もぜひそうできるようになろうと思いました。不思議なことに、彼は楽曲の多声的な側面を目立たせるべきだとはけっして言わなかったけれど、自分の演奏でそれを私に教え込んだのです。そのうえ、当時のピアニストの演奏を特徴づけていたのは、とくに東ヨーロッパの伝統に由来したものでした。フランスでは伝統的にむしろ声部を均等に揃えることが望まれていました。ヴィーンでは、そうした〔東ヨーロッパの〕傾向が悪用され、旋律だけを引き立たせ、他のものはすべて切り詰められ、幾分ぼんやりした響きにしてしまっていました。けれども、ローゼンタール、そして同様にヨーゼフ・ホフマン[13]やラフマニノフの関心事は従属声部を聞かせることでした。二〇年代のピアニストたちは、時々、或る作品の演奏を、ひとつの従属声部を主要声部にすることでわずかに変えたりして楽しみさえしたものです。響きのコントロールにかけてはずば抜けていたヨーゼフ・ホフマンは、そうした実践に秀でていました。この傾向は今日ではおそらく消えてしまっているけれど…

テマーソン　それを残念に思っていますか？

ローゼン　もちろんです。ピアノは何よりもまず多声的な楽器ですから。個人的に、私はバス声部や、従属声部の細部をくっきり浮かび上がらせるのが好きです。チェロ奏者のデイヴィッド・ジェイムズとショパンの《〔チェロ〕ソナタ》作品六十五を録音した際、私がすべての音を聴き取れるようにしていると彼が言ってくれた時、私は大喜びしました！　先ほど言ったように、ヴィーンの音楽演奏や解釈の伝統は、主要旋律声部をくっきり浮き立たせることで、その効果をいくらか濫用さえしています。フランス的伝統の方は平衡を保つ方へ向かい、旋律をもっと音響全体に統合します。このことについて、シェーンベルクはしばしば自分のスコアで主要声部と副次声部を区別し、H（Hauptstimme）とN（Nebenstimme）と記しています。

テマーソン　修学時代に思いを巡らせると、ローゼンタールは、他の誰よりも良く、あなたの長所のいくつかを生かすことができたと思いますか？

ローゼン　まったくその通りです。私が難しいことや知的な努力に対する意欲を持っていることを彼は即座に理解しました。それで、彼はベートーヴェンのソナタ作品一〇六（「ハンマークラヴィーア」）、〔その〕フーガ〔同作品の第四楽章は第十八小節から「幾分自由な三声のフーガ」〕を勉強するようにと言ったのですが、当時私は十三歳でしかありませんでした。普通この作品には二十歳か二十五歳くらいになってしか取り組みません。そのうえ、彼は演奏する前にそれを分析しなさいと言いました。ひとつの作品の音響的実現である演奏と、楽譜の着想、構造との関係は相変わらず私を熱中させているけれど、それを見て取るよう励ましてくれたことでは彼のおかげを蒙っていますね。それに、シューマンの《幻想曲》で、ハ長調の基本位置主三和音が第一楽章の最後にしか見出されず、それが楽章全体の唯一の休息の瞬間を構成しているのだと私に気づかせてくれたのは彼なのです。だから、彼によれば、その最後のページまで「苦悩にみちた」演奏を保つ必要があったわけです。私は『古典派音楽の様式』の中で、ローゼンタールのこの指摘にそれとなく触れましたが、もともと彼の指摘から来ているのを明確にすることは敢えてしませんでした[14]。私が十五歳でしかなかった時に彼が教えたのだと強調することは少々慎みのないことだったでしょうから！

テマーソン　あなたが学んでいた頃、プリンストン大学の音楽学部の方針はどのようなものだったのですか？

ローゼン　とくに音楽分析に秀でていました。作曲家のロジャー・セッションズ[15]やミルトン・バビットが音楽理論を教えていて、とりわけ作曲と音楽史の関係に関心を抱いていましたね。フランスでは、音楽分析はつねに音楽学の私生児と見なされてきましたが、合衆国では、四〇年代と五〇年代の時期、作曲家たちの間でとても流行していました。その流行は、シェーンベルクや、戦争中に合衆国へ亡命した多数の中央ヨーロッパの知的な音楽家たちの影響に負っています。音楽分析に対するそうした情熱は、実際には、二〇年代、〔新〕ヴィーン楽派に遡ります…　要するに問題になっているのは、まったく単純に、最も優れた音楽家たちにあっては直観の領域に属しているものを書き表すことなのです。

テマーソン　演奏家の教育はどうしても音楽分析と音楽学を含むべきなのですか？

ローゼン　分かりません。でも、たびたび自問していることではあります。面食らうと同時に示唆に富んだ話をひとつしましょう。ある友人宅で、明らかにもっとも偉大なフランス人チェロ奏者ピエール・フルニエと演奏する機会がありました。ベートーヴェンの《「チェロ」ソナタ》作品六十九を演奏した後、私は、ルイス・ロックウッド[16]によって刊行されたばかりだったベートーヴェンの草稿で、作曲家は第二主題を、そのモデルとして役立った第一主題の下に一音符ずつ書きつけながら推敲していったことが分かるという話をしました。その際フルニエは、五十年前から、それがほとんど同じ主題だとはまったく気づかずに演奏していたと告白したのです！　それでも彼が他の誰よりも素晴らしく、見事に演奏したことを保証できます！　そこから、一定の分析形式は演奏家にとって不可欠ではないと私は結論しますね。分析は、それ自体で喜びをもたらすかもしれないけれど、何人かのとても優れた演奏家たちは未だかつて音楽をそうした〔分析という〕観点から考察してはいない。

テマーソン　あなたはとても早くから分析に関心を持ったわけですが、音楽分析の実践はあなたの演奏に影響を及ぼしたと考えていますか？

ローゼン　私にとって、分析と演奏ははっきり異なる行為ですが、だからといって完全に切り離されているわけでは必ずしもありません。たしかに分析と演奏の間には関係がありますが、それは無意識的なもので、私は断続的にしか捉えません。とにかく、関係がそう思われているほど単純ではないのは確かです。たとえば、私がベートーヴェンのソナタ作品一〇六（「ハンマークラヴィーア」）を録音した際、私はその作品を分析して、それが三度音程の連鎖で構成されていることを説明しました。私の説明はディスク・ジャケットに載っていました。ひとりの批評家がそれに飛びついて、私の演奏は分析の真実を証明するのを目指していると主張しました。滑稽だった！　私は作品一〇六を十三歳の時から、そうした三度音程の関係を見て取るずっと前から演奏していて、全体として私の演奏はフレーズの柔軟さ以外ほとんど変わっていないのです。けれども批評家たちはこの種の軽率な言動に励むのが大好きなのです！　三度音程は楽譜にある以上避けられません！　分析は作品のあらゆる演奏に、もっとも嘆かわしい演奏に対してすら有効です！　それに、三度の働きを目立たせないよう気をつけるものなのです。

つまり単調さを避けるため、逆にその働きを隠すわけです。

しかし結局分析は多分それでも無意識的に私に影響を及ぼしています。三度音程の連鎖はソナタ全体を通じて素早く続いていきますから。構造的にもっとも重要な契機には、つねにこの三度音程での下行が存在します。とはいえ、それらの契機では、三度音程でのテンポは、とても速く継起する代わりにゆっくりとなり、三度での最後の下行は数小節の間そのままに保たれます。三度音程の減速が重要な構造的契機だと確認した時、私はおそらく影響を受けたのですね。けれども、そのことが他の多くのピアニストと私を区別するかどうかは疑わしいと思います。というのも、このソナタでは、三度音程〔部分〕の減速は調性の変更を、つまり基本となる調性の変更を告げているからです。三度の減速はそのためにあり、それは和声の重要な変更を引き立たせています。他のピアニストたち以上に私がそのことを意識しているか、私には言えません。私の演奏がそれで変えられているか？　私はそうは思いません。[17]

テマーソン　だとすると、ひとつの作品は、それを分析することなく理解できるのでしょうか？　分析は、演奏家がそう意識することなく展開されるとあなたは思いますか？　ひとつの作品を判読する、初見でその譜読みをすることは、初歩的にではあっても、結局それを分析することになるのでしょうか？　新しい作品に取り組む際、あなたはそれを分析することから始めますか？

ローゼン　いいえ、私はまずピアノで試し弾きしてみて、ピアニストたち皆と同様に、指使いを探ります。そのことで、エリオット・カーターの音楽についての講演を頼まれた時、ちょっと困りました。彼を現代の最も優れた作曲家と考えているし、彼のピアノのための作品はすべて演奏してきたのですが。カーターはとても複雑な音楽を書き、それについてはとても入念な分析が存在します。私がしばしば演奏する彼のピアノ作品《夜のファンタジー》では、二つのリズム・セリーの間に二十四対二十五という関係があることを私は承知しています。その原理は分かっているけれど、どの音符がセリー二十四に属し、どの音符がセリー二十五に属しているか整理するために楽曲を分析したことは一度もありません。そのリズム関係が作品の表層に現れる際、私はできるかぎりそれを明らかにします。大雑把に、左手が五つの音符ごとにアクセントのついた四連〔十六分〕音符を演奏し、それに対して右手は六つの音符ごとにアクセントのついた五連〔十六分〕音符を演奏するということは承知しています[18]。分析はそこでは無駄で、私は楽譜のページに記載されている作曲家の指示に従うだけです。書かれているものを音にすることから始め、次に響きや表現法など…を模索するわけです。

結局のところ、すべての人がつねに分析します、少しは…　演奏とは、音楽に対する自己の考えを提示するひとつの方法です。演奏家はひとつの作品を演奏しつつその認識を深めていき、聴衆に提示できるような総合的な理解を手中にするに至るのだということは明らかです。けれども一般化はほぼ不可能で、分析と演奏の関係は各々の音楽家について、また各々の作品についてすら異なると思います。

テマーソン　分析が妨げになることもあるのでしょうか？

ローゼン　時にあります。個人的に、間違った分析に基づいて演奏を損なっていく演奏家以上に私を苛立たせることはありません。自分の直観や伝統だけを当てにする演奏家に耳を傾ける方が私には楽しい。

　けれども、だからといって、演奏家の演奏に分析が及ぼす影響を軽視すべきではありません。分析は、たとえば、シュナーベルのまったく見事な演奏にはっきりと表れています。間違った技法を持っていたために、彼は時々揶揄されます。実際には、彼がとても変化に富んだ「フォルテ」を演奏する時にだけ、技法的に間違っていたのです。「ピアニッシモ」を弾く際には、彼は極めて速いパッセージすら完璧に制御していました。絶対正確に演奏していたのです。ショパンの変ロ短調のソナタの終楽章〈プレスト〉を「ピアニッシモ」〔楽譜には sotto voce e legato と記されている」で彼以上に素晴らしく演奏する人はいない、とホロヴィッツ[19]は言いました。とはいえ、演奏家の演奏に影響を及ぼすのは分析だけではない。日に八時間練習していたルドルフ・ゼルキン[20]のような人の演奏と、二時間しか練習しなかったロベール・カサドシュ[21]のような人の演奏との間にははっきりとした違いがあります。ゼルキンは分析していなかったと私は思います。彼は練習によって成果を獲得していたのです。彼の演奏は鍵盤上で練り上げられたようだった…

確かなことは、私が長年演奏してきた作品を分析するのは私にとって一層容易だということです。ある観点からすれば、ひとつの作品を分析することは、理想的な演奏を検討することです。ただし、すでに指摘したように、分析はいかなる演奏にも有効でなければなりませんが。

テマーソン　確かにそうですが、凡庸な演奏家は作品のいくつかの側面を聞き取れないものにしてしまうかもしれない…

ローゼン　その通りだけれど、音楽を厳格な理論に一致させようという意志によってと同じくらい怠慢によってですね。

テマーソン　分析とは、最良の演奏家たちにおいて直観に属するものを書き表すことを、多くの場合本質とするとあなたは述べましたね。詳しく説明して欲しいのですが。

ローゼン　分析には、演奏者にとって無用な部分があります。演奏するということ自体がひとつの分析に等しいからです。演奏者は、転調や調性の変化、そして一般に声部展開をつねに意識します。ホフマン、ラフマニノフ、ソロモン、[22]リヒテル[23]といった、きわめて偉大なピアニストたちの演奏を聴くと、ひとつの音符がどの声部でどのようにして他の音符に至るかが完全に聴き取れます。音楽のテクスチュアが透明になり、その構造をそのもっとも些細な細部でさえ私たちに知覚させます。様々な声部が切り離され、融合し、相互の間で均衡を取り合うのが聴き取れるわけです。実際、ピアノでは、声楽がモデルです。ピアノの楽譜は、幾つかの五線譜上に、まるで幾つかの声部（＝声）のために書かれたかのように書き移せます。ですから、その場合、演奏は分析のひとつのデモンストレーションになります。また、分析によって、ピアニストはクライマックスとなる「フォルティッシモ」や、逆に、弛まぬ集中力で表現する「ピアニッシモ」を選びます。

テマーソン　でも、それに反して、作品の幾つかの側面は分析によってしか明らかにならないのでは…

ローゼン　音楽分析を行なう批評家は、分かりきっていることの証明をしばしば強いられます。さもなければ、イギリスの文芸評論家ウィリアム・エンプソンが指摘したように、「ああ、彼はそんなことすら気づかなかったんだ！」という人がつねにいることになるでしょう。けれども、幾つかの側面は批評家たちにとって明白でも、精緻なやり方で演奏したり、釣り合いを取ったりすることはとても難しいのです。私が思い浮かべるのはモーツァルトの《ジュピター交響曲》〔第四十一番ハ長調K551〕の結尾部の四つの主題の完全な置換です。そのように、何回かの再現の後では、最初の二つの音符を浮き彫りにしつつ各主題の冒頭を聞こえるようにするだけにすべきです。それで記憶が透明さの欠如を改善できるわけです。聴衆が諸々の声部進行を聞き取り、方向を自覚できるようにするためには、バッハの《フーガの技法》や《平均律クラヴィーア曲集》でも同様にすべきです。

　いずれにせよ、分析と演奏は互いに裏付け合う活動ですが、それらは独立したかたちでも存在しています。批評家と演奏家はしばしば同じひとつの作品の異なる諸側面に注意を促していますね。

テマーソン　それでは批評の本来の役割はどのようなものなのでしょうか?

ローゼン　その問題について、私の見解はかなり非妥協的です。私の考えでは、批評の役割は、作曲家の用いた技法的な手段を分析することです。ジャーナリスティックな批評を話題にはしません。そうした批評はひとつの作品の演奏をとりわけ評価するのですが、その経済的役割が重要なのです。そうした批評がなければ、聴衆はいない！　私は演奏会のプログラムに記されている解説のことも話題にしません。それは平均的な聴衆の不安感を和らげ、聴衆の知らない作品の演奏時間を知らせるために作成されています（そしてそれはとても結構なことです！）。

大学を出たての頃、私は『パースペクティヴ・オブ・ニュー・ミュージック（新音楽の展望）』誌に論考をひとつ発表し、作曲家の見解はつねに音楽批評の中心に位置すべきであり、演奏者や歴史家たちの見解は当然作曲家に従属すると説明しました。音楽学者たちが作曲家の見解から遠ざかるのは誤りだということを示したかったのです。ごもっともな所見による答が返ってきました。つまり私が主張していることにもかかわらず、私が音楽学的試論を書いたというのです！　どうしてそれを否定できるでしょう。音楽について書く時には、音楽学を実践しているのですから！　音楽学の一部分、おそらくもっとも重要な部分は、手稿譜を読み解き、図書館の蔵書を精査することですが、批評もまた音楽学の一部です。もしひとりの批評家が技法的な分析を提示できず、作曲の技法を深く理解していなければ、その批評家の言うことは空疎でしょう。

そのうえ私は、私の最初期のディスクのひとつ[24]のジャケットに載っていた、二十世紀初頭の著名なアメリカ人批評家ジェームズ・ハネッカー[25]からの引用文を読んだ後で、音楽について書き始めたのです。ショパンの《ノクターン》は「花の香に酔いしれて、千鳥足で歩む」というものでした。十九世紀のポリフォニックな音楽の傑作のひとつを代表するノクターンについて、もっと衝撃的なことを書けるようにならなければと思いました！

テマーソン　あなたはハーヴァード大学で、ロマン派音楽についての一連の講義「ノートン・レクチャーズ[26]」をなさいましたね。そこでショパンの作品も分析したのですか[27]？

ローゼン　私はまず、十九世紀のほとんどすべての作曲家たちが用いた四小節楽句の重要性を説明しました。四小節でのグループ化はとても広まり、或る作曲家がその厳格かつ幾分作為的なシステムを放棄して、五小節とか七小節の楽句を好んで用いると、その作曲家は独創的だと称賛されました。実際には、四小節による楽句を、称賛に価する柔軟さや想像力を伴って使う術を弁えていた作曲家たちだったと私は思いますが。

ショパンは少数の楽曲を五小節による楽句で始めることで独創性を示したと一般に言われます——それは当時としてはむしろ意外なことでした——。しかしいかなる注解者も、それら五小節による楽句にはつねに第二の三小節による楽句が続いていると指摘していないようです！ある批評家は、ショパンのマズルカのひとつを分析して、それが五、七、そして四小節という一連の不規則な楽句で構成されていることを示しましたが、彼はそれらを数えると、全部で三十二小節あり、つまりダンスのリズムに適っていると指摘するのを怠っている！　重要なのは、旋律的な類似は四小節によるグループに従っているけれど、ショパンの指示した表現に富んだフレージングには必ずしも一致していないのを心得ていることです。

　ショパンにおいて四小節によるグループ化はほとんどつねに厳格ですが、例外はあり、三小節のグループが長い間にわたって一貫して支配的な作品もあります。だからといって、マズルカが自発的で即興的な性格を持っている場合でも、四小節のグループがもたらすダンスの規則的なリズムをつねに保存していることに変わりはありません。ショパンの「ルバート」[28]はまさに、大きな規模ではとても規則的なリズムの細部に適応される「ルバート」なのです。ショパン自身、自分の生徒たちがメトロノームを用いて練習することを望んでいました。でも、「メトロノームの」振り子がゆっくり刻む音の間には夢想のための自由な余地が残っています。

音楽分析の成果

Le fruit de l’analyse musicale

テマーソン　なぜ技法的な用語による他に、音楽について語れないのですか?

ローゼン　音楽は、言葉で表現されることを実際には目的としていない効果を具体化するからです。音楽は、その手法以外の目的、意図、願望あるいは表現性を持ちません。作曲家の用いる技法的手段と作曲家の作品との間には完全な一致があります。ですから、批評家の務めは作品の表現的な内容を形作っている手法を明らかにすることです。

けれども私は何人かの批評家たちが実践している行き過ぎた分析には反対です。あるひとつの作品についての十二ページほどの文章を読んだのを覚えていますが、そのうちただ三つの文章だけしか興味深くなかった。残りの部分の分析では、分かりきっていることが積み重ねられているだけでした。批評家はひとつの楽曲の各々の音符を説明しなくても良いのです。逆に、批評家がひとつの作品の本質を理解させようと望むなら、作曲家の活用した手法の独創性を強調すべきです。

テマーソン　分析の作業とは正確にはどのようなものなのですか？

ローゼン　各々の作曲家によって用いられている手法を強調し、その作曲家の音楽が同時代の作曲家の音楽、あるいはその作曲家に先立ったり、続いた人たちの音楽とどう異なっているかを示すべきです。その作曲家を当時の様式――その特徴はしばしば強さや新鮮さをすでに失ってしまっているのですが――との関係で位置づける必要があるのです。ひとつの作品の中核となる考えや、それが表現する感情は、用いられた技法的手段を通じて知覚されるはずです。

　私たちがこれこれの作品を聴きつつ感じる印象を語るよう私たちに強いるものは何もありません。私たちはその印象に、それを語るのを気遣うことなく、身を委ねて構わないのです。しかし、もしその作品を理解しようと望むなら、それを記述する必要があり、それは技法的な用語を援用してしか把握できません。ベートーヴェンのピアノソナタ作品一一〇〔変イ長調〕の終楽章を理解するためには、「フーガ」の崇高美に統合される「アダージョ」の詩情を見出す必要があります。様々なテンポの関係や、最初のフーガと二番目のフーガの調的関係を分析しなければなりません。「アダージョ」が最初とはとても隔たった調性で戻ってきて、はるか彼方の和声という印象を与え、少しずつ当初の和声が復帰していきます[1]。

シューマンの例を採り上げてみましょう。彼は病的な気分に耽る大作曲家だと言うだけでは不十分です。聴き手は漠然とした束の間の印象を持つかもしれませんが、そのことを明らかにするためには、シューマンがそうした気分を音楽において喚起するために考え出した技法的手段を拠り所にする必要があります。彼のピアノ作品のいくつかのパッセージでは、両手がずれていて、私たちのリズム感が絶えず損なわれます。最初聞いた時にはまったく非論理的であるように思われ、楽曲が展開するに応じてようやく論理的になる効果を援用することも同様にあり得ます。そうした点では、シューマンは自分の時代、宗教の破綻が狂気の価値化につながった時代に属しています。

ジェラール・ド・ネルヴァル[2]、ヘルダーリン[3]、チャールズ・ラム[4]など、多数の作家が論理的推論、合理主義をひとつの新しい理解のかたちに置き換えようと努めていました。シューマンは音楽におけるそうした動向の代表者です。

シューマンの音楽にじっくり耳を傾けると、誰もがそうした非論理的、非合理的で、ほとんど気の狂ったような側面を感じるでしょう。けれども、もしどのようにして彼が私たちにそうした印象を伝えるに至るかをきちんと明確にしなければ、私たちは漠然とした月並みなものの領域にとどまってしまうでしょう。私たちは彼が用いる手法の効果を感じ取りはするでしょうし、多分それらは私たちの内に深い感動を生じさせるでしょうが、それらを理解しているとは言えないでしょう。

テマーソン　シューマンが考え出した手法の例を示していただけますか？

ローゼン　ハイネの詩「木陰を彷徨っていた」に基づいたリートの第三詩節における小鳥の伝言を引き合いに出すことができます。伝言は幻覚なのです。シューマンは、けっして確立されはしない、ですから説得力のほとんどない、さらには非現実的な調性を用いることによって、そのことを私たちに理解させます。とはいえ、その調性がほとんど変化することなく反復されるただひとつの和音からできていることを明確にしておく必要があります。シューマンがどのようにしてこの第三詩節をリートの構造の中に組み込むのに成功したかを見て取るのは興味深いことです。つまり、第一詩節は旋律的に最も重要な音符上で終わり、他方第二詩節はもっと低い音符上で終わるのですが、その最後の音符が第三詩節の非現実的な和音の支えになります。その和音をシューマンは展開も変更もなく絶えず響かせます。ショックのように導入されたこの和音は強迫観念のように繰り返されます。次いでシューマンは、何事もなかったかのように、第一詩節の調性を推移部を伴わずに再び採り上げます。そのような手法によって、彼は一種の幻影を音楽的に喚起する手段を見出したのです。[5]

シューマンの作品は、ロマン派——そして古典派でさえ——の多くの作曲家の作品同様、音楽それ自体とは異なる内容をしばしば持っています。パストラル（交響曲、ソナタ、弦楽四重奏曲、楽章）はつねに田舎を想起させる図像学的音響を、約束上のやり方でですが、含んでいます。五度間隔で空虚な音響を奏する二本の狩猟用のラッパは、隔たりや森を喚起します。十八世紀末、あるいは十九世紀初頭、ホルンの音は、隔たりや、時には、不在と同一視されるようになります。ベートーヴェンのソナタ《告別》（作品八十一a）はホルンの響き、狩猟ホルンの響きで始まりますが、それは狩猟ではなく、隔たり、離別、不在…を喚起するために使われているのです。[6]

テマーソン　あなたが説明して下さった手法は誰にも分かることですが、広範な聴衆に向けて音楽について書くことはつねに可能なのでしょうか？

ローゼン　それは大作家E・T・A・ホフマン[7]が或るエッセーの中で取り組んでいる問題です。その中で彼は、モーツァルトの転調は広範な聴衆に理解されるには複雑すぎると断言した二流の作曲家に答えています。ホフマンが選んだ例は、《ドン・ジョヴァンニ》の墓場の場面で、石像〔=騎士長〕がドン・ジョヴァンニによる晩餐への招待を頷いて承諾するところです。この場面はホ長調での二重唱〔ドン・ジョヴァンニとレポレッロ〕という形で音楽化されているのですが、〔石像が〕頭を上下に動かし承諾した後で、低弦楽器〔チェロとコントラバス〕で奏される本位ハ音が人々を驚かせます。プロの音楽家たちは半音下げられた下中音を認識し、モーツァルトの名人芸に敬意を表すると、ホフマンは指摘します。[8] 一般聴衆はそうした和声上の効果が何を意味しているか自問することなく身震いします。つまり聴衆にはその下中音が予想外で奇妙だということがよく分かるのです。ただ中途半端な教養を備えた音楽家だけは、自分に説明できない半音階的変更に当惑してしまいます。学識豊かな音楽家と一般聴衆は、ですから、自分たちの理解や感嘆で団結していて、そこから排除されるのは凡庸な音楽家だけです。ホフマンの論評は示唆的です。つまり、音楽を説明するためには、深い技法的知識が必要だけれど、また、一定の理解力や判断のレヴェルに達していれば、そうした説明を必要としないということを理解させてくれます。

とにかく、もっぱら何も知らない読者のためだけに書くようなことを私たちはけっしてしません。専門家にも読まれることを望みます。入門書を書く学術的研究者たちについても同様です。彼らはそれでも他の学者たちが興味を見出してくれることを希望しますね。音楽において、つまづきの石になるのは、楽譜の抜粋を引き合いに出すのを強いられることです。ですから、読者は音楽を読めなければなりません。しかもそれは、音楽に関する私の著述を読むためのただ一つの条件です。

テマーソン　読者は調性のシステムを理解すべきではないのですか？

ローゼン　理解すべきですが、音楽に関する書物や百科事典では往々にして説明が不適切です。私は『古典派音楽の様式』の最初の方で調性システムの基礎を説明しました[9]。十八世紀の調性は一連の音階に基づいているとしばしば思われています。実際には、それは完全和音のヒエラルキーに基づいているのです。各々の和音は、中心となる和音、つまり主和音に関係したヒエラルキーの中に位置づけられているということを知っておく必要があります。

音楽の基礎は複雑で、調性を説明するのは難しいと、人々はいつも思わせようとします。ほんの少し前、私はシカゴ交響楽団の創立百周年を祝う集まりに招かれ、調性を説明する難しさを巡って議論がなされました。私はすぐさま音楽に疎い聴衆にシステムを説明し始めました。自分にはできると分かっていたんです。つまり演奏して、次のように言うだけで十分でした。「ほら、こうしてシステムは認識されるのです！」と。

音楽の基礎は難しくありません。十五分間で音楽の読み方は学べ、三十分で調性の基礎は理解できます。音楽の理論は文法の基礎、つまり、主語や動詞や形容詞の概念ほど複雑ではありません。言語の学習は歴史的な難しさを提示しますが、理論的な難しさは何も提示しません。言語の基礎はそれに極めて初歩的な論理に属するので、チョムスキー[10]が考えているように、たんに人間においてばかりではなく、ある種の動物においても多分生得的なものなのではないかと私には思われるほどです。

それで、音楽に話を戻すと、調性の基礎は難しくも、深遠なものでもありません。ただベートーヴェンの交響曲やモーツァルトのメヌエットといった例だけが複雑なのです。そうした二重性は文学のテクストの中にも見出されます。シェイクスピアの真髄を理解するためには、各々の文の文法的な構造を理解する必要がありますが、ここが主語、動詞、形容詞…と始終考えているわけではありません。もっとも、分析はテクストの複雑さを明らかにしたり、予想外だったり、的外れだったり、言外に匂わされたいくつかの側面を強調するのに役立ちます。

テマーソン　文芸批評と音楽批評の間に差はあるのでしょうか？

ローゼン　批評は十九世紀初めから独立した活動として認められています。一七九八年にフリードリヒ・シュレーゲルは、諸々の偉大な芸術作品はそれら自体、互いに解釈し合い、評価し合うのだと説明しています。したがって批評は、それもまた芸術作品でない限り面白味のないものです。つまり、芸術作品はそれが描き出す世界から独立しています。批評もまたそれが記述する作品から独立しているべきです。けれども、作品が難解な語法で表明されている場合、その語法を門外漢のために読み解くのは批評の役目だと、シュレーゲルはつけ加えています。ですから二種類の批評、それ自体芸術作品である批評と、解説の役割を持つ批評があるわけです。最良の批評はそれらを二つとも実践していますね。イギリスの批評家ウィリアム・エンプソンが『リア王』について書いたエッセーは、シェイクスピアの戯曲を読まずに読んでも楽しめます。シャトーブリアンのナイアガラ瀑布の記述を評価するためには、それを見た経験があることなどほとんど必要ありません[11]！

とはいえ、文芸批評がテクストから遠ざかれるのに対し、音楽批評は楽譜の可能な限り近くにとどまる必要があります。さもないと批評は空しく上滑りし、どこにも行き着きません。フランスの高校で教えられてきたテクスト解釈〔文学作品の分析研究〕は文芸批評に必ずしも不可欠ではありませんが、音楽批評には不可欠です。音楽批評は、五十年前「美点の解釈」と呼ばれていたものに切り詰められています。そして批評家はひとつの音楽作品のすべての細部を解説できないので、自分が解説すべく選んだ細部から、考えていることを指摘するわけです。

テマーソン　シェーンベルクに関するあなたの書物の序文には、次のような文章が見出されます。「評価は批評の到着点や、まして出発点としてよりも、副産物である場合のほうが強力で説得力をもつものである。[12]」

ローゼン　原則的に、批評家は作曲家の視点に身を置き、作曲家にとって、作品はつねに良いものなのです！

　ロマン主義以降、批評の役割は説明することであり、価値判断を下すことではありません。粗悪な詩は存在しない、各々の作品はそれに固有の基準を起点に分析されるべきだからである、とノヴァーリス[13]は明言しています。ノヴァーリスが言うように、あらゆる詩には自らの神がいます。つまりそれは、誰かにとって、どこかで、或る時または別の或る時には上質なのです。その及ぶ範囲はひじょうに限られているかもしれませんが。ロマン主義者たちによって批評に与えられた新しい役割は、歴史的大激動から生じています。つまり、十八世紀になると、自らに固有な価値を持った、ヨーロッパ以外の諸文明が存在することに人々は気づき始めます。したがって進歩も、絶対的な判断基準も存在しないのだと人々は考えるに至ります。結局、今日人々はもはや普遍的な価値体系を信じてはおらず、価値は細分化されています。そうした細分化が相対主義に通じると考えるのは誤りです。実際には、批評の領域に属することではありませんが、様々な価値体系を比較し、それらの有効性、それらの不可避性やそれらの適切さを近代文明と関連づけて判断するのを妨げるものは何もありません。

テマーソン　文芸批評はしばしば作者が自覚していない意義を発見しようと努めます。音楽批評も同様なのでしょうか?

ローゼン　作家たちはしばしば、批評家がもっとも注目する幾つかの意義を自覚していないと言います。E・M・フォースター[14]の小説『ハワーズ・エンド』の分析で、ウィリアム・トリリング[15]は登場人物の名の重要性を強調しました。マーガレットとヘレンというドイツ出身の姉妹とマーガレットの夫ヘンリーです。トリリングにとって、それらの名がゲーテの『ファウスト』の登場人物の名であっても、偶然ではありません[16]。彼は小説の中に、主役が女性の登場人物マーガレットであるファウスト的探究を見ていたのです。フォースターはそのことに憤慨したのですが、平行関係はとても緊密なので、分析は説得力に富むように思われます。とはいえ作者たちは、彼らが幾つかの影響や意義の重要性を否認する際、しばしばうそをつきます!ウォレス・スティーヴンス[17]は「アイスクリームの皇帝」と題した詩を書きました。批評家リチャード・ブラックマー[18]はそこに死のメタファー〔隠喩〕を見て取りました。スティーヴンスは、解釈はまったく説得力に富むということを認めながらも、自分はその詩を娘がアイスクリームが好きだから書いたのだと主張した！　個人的に、作者が自分の意図について述べることを信用できるとは私は思わない…

テマーソン　解釈は的を射ていて、説得力に富むだけで十分なのですか？

ローゼン　いいえ。新しくて、人目を引き、スキャンダラスだからという理由においてだけ説得力を持つ解釈がありますから。本当に説得力に富むためには、分析に一貫性があり、分析がひとつの作品の細部すべてを考慮していることが必要です。ヘンリー・ジェイムズ[19]の『ねじの回転』についてエドマンド・ウィルソン[20]が行なった分析が思い浮かびます。ウィルソンは、その作品に、子供たちを死に至るまで怯えさせる女家庭教師の側からの性的抑圧の物語を見ていました。

　ウィルソンの命題はスキャンダラスですが、説得力に富んでいます。それには小説の大筋ときわめて些細な描写的細部を説明するという取り柄があります。テクストは性的な細部に満ちています。たとえば、幽霊は、湖のほとりで、少女がとても細い棒をもうひとつ別の棒の穴の中に突っ込む瞬間に、初めて現れます。私の思うに、ジェイムズは幻覚的印象を創り出そうとして。そうした細部を意識的に選んだのです…

フロベールについても同様です。シャルル・ボヴァリーがエンマと結婚しようと考えたのは、エンマがリキュールのグラスの中に舌を入れたのを見た時です。この官能的な細部は小説の登場人物や主題に一貫性を与えています。

説得性のある批評の例を挙げてきましたが、テクストからあまりに離れていて、本を読み直しても何も認められない例も挙げられます！　その場合には、シュレーゲルが言ったように、批評は、それ自体が素晴らしいという条件でしか正当化されませんね！

テマーソン　音楽批評家は作曲家の視点に身をおくべきだとあなたが説明する際、何を言わんとしているのですか？

ローゼン　音楽について書く際には、作曲家の視点に身を置く、つまり作曲家の個人的な作業経験に接近することができなければなりません。それは作曲家の私的な生活の細部を知ることが必要だということを意味するわけではありません。重要なのは作曲の仕事を理解することです。たとえばメイナード・ソロモン[21]は、非の打ちどころのない学識に満ちた、素晴らしいベートーヴェン伝[22]を書きました。けれども、或る批評家が指摘したように、ソロモンが叙述しているのは、朝の八時前と午後の二時以降の、つまり彼が作曲に捧げていた時間以外のベートーヴェンの生活です。でもベートーヴェンの全生活（委託職務、演奏、演奏会）は彼の朝の日々の仕事に応じて段取りをつけられていたのです！

音楽学者たちには、作曲家の見解が音楽の理解にとって中心的な位置を占めているということを忘れてしまう傾向があります。マンフレッド・F・ブコフツァー[23]は彼の世代でもっとも聡明かつ博識な音楽学者のひとりですが、ヘンデルに関する六十ページばかりの試論を、彼の作品におけるリズムの活力について語ることなく書きました。けれども、ヘンデルの作品のもっとも驚異的で個性的な側面を構成しているのは、まさにそのリズム的躍動で、あらゆる作曲家はそれを模倣しようと努めることになるのです。音楽学の難点、しばしば由々しい欠如なのですが、それは作曲し、過去の手法から着想を得ようと努める者の位置に身を置くことを忘れてしまうことです。ヘンデルにおけるそうしたリズム的エネルギーは彼の和声手法、旋律の組み立て方、オペラの構想を私たちに理解させてくれます。すべて、つまり戯曲、諸々の幕の構造、合唱、オラトリオ、連作アリアなど…は、彼のリズム精神によって導かれています。

テマーソン　作曲家自身が自作を説明する際、その作曲家は特権的な立場にいるのでしょうか？また、作曲家からこぼれ落ちてしまう作品の真実は存在するのでしょうか？　たとえば、ストラヴィンスキーの自作自演についてはどう言えるでしょう？

ローゼン　作者が自作について語る場合、作者が述べていることをその作品に当てはめる前に、伝記によって判断すべきだと指摘したヴァルター・ベンヤミンは正しかったと思います。ゲーテが「親和力」[24]について語る際には、彼が誰に向かって話しかけているのか、そしてなぜそうなのかを問いただす必要があります。その後で、彼が述べていることがさらに一定の妥当性を表しているかを検討できるわけです。

ストラヴィンスキーについて言うと、彼の演奏解釈は特権を与えられていますが、その特権は絶対的なものではないと言えますね。作曲家自身以上に自作を良く知っている人は誰もいない、それは明らかです。けれども必ずしも作曲家がある演奏の最良の判定者であるとは限りません。ストラヴィンスキーの場合、その証拠に、彼のアプローチは不変ではない。彼自身が指揮をしている《兵士の物語》の二つの録音を採り上げてみましょう。最初の録音のテンポは二回目の録音のそれよりもはるかにゆっくりしたものです。ストラヴィンスキーが意見を変えたと結論づけることもできるでしょうが、確かではありません。二つの録音の間には二十年ばかりの年月が流れているからで、その二十年の間に《兵士の物語》は定期的に演奏されるレパートリー作品になりました。一世代全体に及ぶ音楽家たちが数回それを演奏してきて、今では見事に演奏しています。ですから、ストラヴィンスキーがテンポに関して意見を変えたと断言することはできません。つまり、ストラヴィンスキーは、最も効果的に演奏できる音楽家たちを前にしたので一層速めに指揮をしたと推測することもまったく同様に可能です。時代とともに、音楽家たちや彼らの演奏法が変わったのです。作曲家は作曲家を取り巻く音楽家たちのために書きます。演奏の仕方、経験、すべては変化します。同時に、変遷していくのは作品それ自体です。ストラヴィンスキーの晩年の《兵士の物語》は、もはや彼が当初作曲したものとはまったく同じではないのです。そこから、初期の録音は荒削りであるに違いなく、最近のものだけを聴くべきだと結論づけてはなりません。新たなものを作り出すために、過去、ひとつの伝統すべてを消し去ることはできません。さもないと、とても古びたもの、あるいはむしろ月並みなものを作ってしまう危険があります。

様式

Les styles

テマーソン　十八世紀以降の様々な様式の変遷をどう考えますか？

ローゼン　各々の様式にはイデオロギー〔観念論〕的基礎があります。十八世紀の新古典主義[1]はギリシャ・ローマ文明への単なる回帰ではなく、かつての古典主義の源、源泉そのものと見なされていたもの、つまり自然への回帰を意味していました。ですから新古典主義は古代の古典主義よりもいっそう教条的でした。たとえば、新古典主義の建築では、円柱には往々柱礎がなく、木々のように床から突き出していますが、それは、床への装飾はすべて円柱の自然な始まり《オリジン》の知覚を妨げると考えられていたからです。

音楽で、新古典主義は国民的な諸様式を廃することを目指していました。グルックや彼の同時代人たちにとっては、音楽が万人に理解できるよう、自然の声を取り戻す必要があったのです。それに反して、ロマン主義とともに、固定した基準は消滅します。判断や創造の基準が個別的な作品を起点に展開されるので、芸術家は自分の探求を究めるよう促されます。モダニズムは同じ信条から生じています。ピカソ、アンドレ・マッソン、ニコラ・ド・スタール、またジャクソン・ポロックの革新的な絵画は、旧来の作品と同じ基準にしたがって判断できません。それらの作品を評価するためには、新しい見方を発揮する必要があります。ところで、ポストモダニズムとともに姿を消したのは、まさにそうした信念です。

　ポストモダニズムは古典主義、固定した価値、既成の基準、伝統への回帰を体現していますが、その回帰はイデオロギー的な基礎を欠いています。その唯一のイデオロギー的基礎がまさに過去への回帰なのです。新古典主義に反して、ネオモダニズム〔新モダニズム〕は自然への回帰ではありません。それは過去の様式的表明への回帰です。新古典主義が過去と縁を切り、古代人の精神を回復するために、ギリシャやローマの芸術の厳格な模倣すべてを拒絶していたのに対して、ポストモダニズムは現在の中に過去を移動させようとします。逆説的に、そうした移動は筋道の通らないものですが、今日探し求められているのはまさにそうした筋道の通らなさなのです。シュルレアリスト的モダニズムに典型的なショック技法はまったく時代遅れになってはいないことが分かります。

テマーソン　明らかにあなたはモダニズムに一層親近感を持っているでしょうね…

ローゼン　私はモダニズムの中で育ちました。文学でも、絵画でも、音楽でも。モダニズムは、探究すべき様々な世界は存在するという考えを私に与えてくれました。芸術に進歩はなく、シェイクスピアの戯曲はソフォクレスのそれよりも優れているわけではないと言われますが、モダニズムは、それでも一定の進歩概念、つまり新しいものを創造することによって、芸術や世界についての一層深められた認識に到達するのだという確信を反映しています。モダニズムの芸術家・作家・作曲家たちは、芸術に発見という科学的役割を与えます。モダニズムのこの重要な原理に従って、絵画や音楽は世界の新たな諸様相を発見させてくれるわけですが、その原理はロマン主義に始まり、十八世紀の終わりと十九世紀の始まりにはすでに存在しています。

テマーソン　ポストモダニズムは探究や発見に興味を持たないのですか？

ローゼン　わずかしか関心を持ちませんね。ポストモダニズムは、すでに成されたことを繰り返すべきだと主張しつつ、世界が無限の探究に適していることを否定します。私の友人で芸術史家のアンリ・ゼルネール(2)は絵画におけるそうした変遷を次のように説明しました。つまりモダニズム以前には、世界を描きつつ、自然のままの事物や歴史を説明しているのだという確信を人々は持っていました。芸術は意味作用を持った、シンボル〔象徴〕および形式から成り立っていて、絵画は世界を典拠にして、それにひとつの意味を与えていたのです。モダニズムとともに、それらの形式や典拠は放棄され、芸術は次第に抽象的になりますが、意味は保たれます。現実世界への準拠は解消されるか、あるいは少なくとも絆を緩められ、以後、意味は絵《タブロー》それ自体から引き出されるようになります。ポストモダニズムは逆のことをします。つまり典拠物は取っておくのですが、意味を厄介払いするのです。古典主義建築において、円柱、柱頭、ペディメント〔三角形の切り妻壁〕はたんにひとつの役割を持つのみならず、とてもはっきりしたイデオロギー的意味作用をも持っています。ポストモダニズムは古典主義の言語〔表現語法〕や諸形式を保存しますが、それらには意味が欠けています。つまりペディメントはもはや入口の上にではなく、ずっと下の方にあり、円柱は何も支えていない…　モンペリエ近郊のボフィルの設計した街〔アンティゴーヌ地区〕を見るだけで十分です。[3] 問題になっているのは古典主義的な仕事だけれど、刷新されたバージョンでだと建築家は主張していますが、故意に軽薄な断言ですね。そのようにして、ひとつの中庭の中心には、二本の円柱がありますが、それらは何も支えておらず、いかなる建物にも関係していません！

テマーソン　ポストモダニズムは引用を活用し、絵画や建築ではコラージュに訴えかけます。

ポストモダニズムの作曲家たちも同様ですね。あなたはそのことで彼らを非難しますか？

ローゼン　いいえ。作曲家たちはつねに引用を行なってきました。その手法は新しいものではありません。それは十五世紀に遡る伝統です。作曲家は別の作曲家のシャンソン全体を借用し、それに幾つかの声部を加えてミサ曲を作っていました。[4] とりわけ私が興味を持つのは、まさに引用がそのようなもの〔引用〕として示され、人々がそれを意識していることです。シューマン以後、引用は過去に由来する要素、あるいは隔たった、馴染みのない要素をもたらすために使われるようになります。シューマンの《謝肉祭》を考えてみると、「フロレスタン」でシューマンは自作《パピヨン（Papillons 蝶々）》からひとつの楽句を引用しています。引用はまったく常軌を逸したやり方で闖入してきて、聴く人は途方に暮れてしまいます。ささやかな音階が、むしろ情熱的な音楽の外観を突然アダージョで邪魔しに来るのです。情熱的な音楽は再開されますが、新たに同じ引用によって遮られ、今度はもっと長めで、《パピヨン》の旋律が識別されます。そのうえシューマンは楽譜に「パピヨン?.」と書き込んでいます。疑問符は個人的な注記でも、単なる指示記号でもなく、ピアノ奏者のためのガイドなのです。引用部分は一定の当惑を伴って、あたかもそれがどこから来ているのかを自問しているかのように演奏する必要があります。つまり、その少しばかり困惑させる側面を浮き上がらせるべきです。その引用はその後作品の中に完全に統合されますが、その手法はシューマンにおいて非常にモダンです[5]。現代〔二十世紀〕では、ストラヴィンスキーとともに、コラージュの手法とともに、そうした引用のコラージュ的方法がとても重要な役割を果たすようになっています。《カルタ遊び》はストラヴィンスキーの作品の中でとても重要で、また様式がひじょうに独特です。そこではロッシーニ〔《セビリアの理髪師》序曲〕、ラヴェルの《ラ・ヴァルス》、ベートーヴェンの交響曲第五番などがそのようなものとして提示されるのですが、各々は切り取られ、《カルタ遊び》の様式に興味深いやり方で適合しています。

　ポストモダニズムとともに、引用ははるかに一層深刻で厄介な意義を持つようになります。モダニズムのイデオロギーは、芸術は新しさと独創性によって伝統と結びつくというものでした。プルーストが述べたように、芸術家は先立つ様式を破壊し、破壊の作品を達成することによって伝統を維持していたわけです。そうした信念は消滅しました。芸術家や作曲家たちは別のやり方で過去と結びつこうと努めます。たとえば、ベリオの作品では、引用は過去の亡霊たちのように現れます[6]。それらは音楽に組み込まれはするのですが、青ざめ、当初の生命力を欠いたものにとどまります。それでも亡霊はポストモダンの音楽と偉大な古典派的伝統との間の関係をはっきり示すために呼び出されるのですが。ボフィルの円柱のようにです！　それはポストモダニズムに典型的なことです。つまり古典的なものを引用し、その意味は剝奪してしまうのです。モダン建築は逆のことをしていました。すなわち、それは、同じ装飾的でダイナミックな機能を持った新しい形に円柱を取って替えたのです。モダン建築はそのようにして古典的な伝統を別のやり方で延長させていました。今日、建築は、伝統との結びつきを過去を参照するということでしか示しません。

　私がポストモダンの運動すべてを糾弾しているように見えますね！　そうではなく、ポストモダニズムは、それが遊びのためとなり、いくつかの言語〔語法〕、つまり古いもの、モダンなもの、ポストモダンなものを、それらの意味を変えるためにまぜ合わせる場合には興味深いのです。その場合には様式が開かれたものとなり、面白くなります。私が考えるのはカリフォルニアの建築家フランク・ゲーリー[7]の素晴らしい作品です。それらはとても機知に富んでいます。

テマーソン　ゲーリーはポストモダニズムの罠から逃れているとあなたは考えているのですか？

ローゼン　ええ、彼は異なる様式間の緊張を手際よくユーモラスに処理していますから。カリフォルニアの彼の自邸は古い家なのですが、その規範的な古典様式は、彼がつけ加えた新しい翼部と唐突に対照をなしています。そしてそれでも、古いものと新しいものとは入り組み合っていて、どこから新しい部分が始まるのか見分けるのが難しいのです。とても巧妙です。対照の遊びを眺める喜びが得られるわけです。ゲーリーは古典様式の諸要素を空疎なやり方で喚起せず、何か新しいものを創り出すために様々な様式間に挑発的な緊張を生じさせます。

ですから、ポストモダニズムは多かれ少なかれ有害な運動（多分すべての運動がそうであるように）だけれど、例外的な才能の持ち主はその罠を回避するに至ると言えます。

テマーソン　すべての運動は害を及ぼすとあなたは言うのですね。私には補足説明をしてもらうに価する仮説です！

ローゼン　いや、前言は取り消します。それらはすべて有害なわけではない。ひとつの運動は他の運動とつねに同じ意義を持つとはかぎりません。それらの運動は評価を下されます。印象主義と新古典主義《ネオクラシシズム》〔ここでの新古典主義は十八世紀のそれではなく、二十世紀のものを指している〕は等価な運動ではありません。いいえ、逆に、いくつかの運動は他のものよりも理想主義的です。それらは芸術のみならず社会をも変えることを望みます。けれども、偉大な創造家たちを模倣者や追従者たちから分離すべきです。いくつかの運動は疑わしいイデオロギーに基づいていますが、並外れた実践者はそこから創造力を引き出します。

テマーソン　モダニズムとポストモダニズムの相反は、絵画や建築の領域でははっきりしています。けれども音楽においてはどうなのでしょう?

ローゼン　モダニズムを標榜する作曲家たちには、新しい言語〔語法〕を創り出すことによって、新しい意味作用を創り出すのだという確信があります。それはヴァーグナーの確信、ドビュッシーやストラヴィンスキーの確信です。またエリオット・カーター、ピエール・ブーレーズの確信です。最近、そうした確信は姿を消しました〔この対談の初版は一九九三年〕。ポストモダンのミニマリストの作曲家たちは、もはや新しい意味作用は存在しないと思っています。あるいは、旧来の意味作用がその厳格さをほぼすべて失ったので、作曲家たちはそれらの意味を捨てて、形式を繰り返しているのです。結果は時として面白いけれど、音楽とは大した関係がありません。たとえば、シュトックハウゼンの《シュティムング》ではひとつの九度の和音が、つねに同じまま、一時間半、二時間にわたって歌われますが、今日私たちはその和音が調性システムの中で持っていた明確な意味をもはや意識していないにもかかわらずにです。和音は保存されますが、その昔の意味作用は保存されていません。その睡眠を引き起こすような効果は新たな意味作用の形成を妨げ、同じ和音の反復は結局、漠然とした、取りとめのない意味作用が存在するという印象を与えます！　その点で、ポストモダニズムは、意味作用を取りとめのない、遠心的なものにするロマン主義に似通っています。[8]

テマーソン　音楽におけるポストモダニズムの出現をあなたはどのように説明しますか？

ローゼン　音楽がとても複雑になった時、それは音楽を単純化するという長所を持ちます。ジョン・ケージやフィリップ・グラス[9]のような作曲家たちは、一種のこれという特徴のない音楽の「うわべ」を創り、そこに、間隔をあけて、幾つかの古典的な常套句を置くのですが、それらには、それらが調性システムの中で持っていた元々の意味や機能が欠けています。一時的には興味深いけれど、疲弊した音楽だとすぐに気づいてしまいます。

簡素化に向かう動きは音楽史の中では事欠きません。たとえば、サティの作品は、当時の音楽の複雑さに対する異議を示しています。ドビュッシーの作品も同様です。ドビュッシーは、ベートーヴェンの交響曲のひとつの演奏中に「ああ、展開部が始まる。煙草を吸いに出られるな！」と言ったものです。ただし、ドビュッシーは動機的展開の複雑さを響きの複雑なヒエラルキーで置き換えています。サティは、いくらかジョン・ケージと同様、〔単純化の〕代表例と見なされていますね。《梨のかたちをした三つの小品》のような、とても良い作品がそれでもあるにせよ、人物の方が作品よりも興味深い。《ソクラテス》[10]では、最初の二つの部分は死ぬほど退屈ですが、最後の部分「ソクラテスの死」はとても感動的です。とはいえ、構造は最初の二つの部分と同じで、四小節単位のグループが楽曲全体を通じてまったく厳格に続いていきます。四小節続くオスティナート音形に、四小節続く別のオスティナート音形が続き…という具合です。でもソクラテスの言葉が加わるので、とても感動的なのです。

テマーソン　もっともあなたの興味を惹きつける作曲家や作品は？

ローゼン　もっとも私の興味を惹きつけるのは（それは私がもっとも好きなものと同じではまったくないのですが）、作曲家ブライアン・ファーニホウ[11]の定義に従うと、二つの様式の転換期に位置する作品です。作曲家たちはつねに古い様式の中でですが、新しい様式の到来を予告するやり方で作曲します。そうした断絶と変換の時期が私には特別興味深く思われます。

作曲家たちは所定の様式に、それが解体し始め、均衡が破られ、以前の様式が存在をやめるに至るまで、つねに新たな諸要素をもたらします。それは数学におけるカタストロフ理論にいくらか似ています。或るひとつの様式に新たな要素を過剰にもたらすと、その様式は解体し、もはや機能しなくなります。ルネ・トム[12]の用語を繰り返すなら、それが「カタストロフ〔破局〕」

の存在する瞬間で、新たな様式が構成されることになります。それはひとりの作曲家の生涯の中で、あるいは或る時期に生じるかもしれません。たとえば、一八五〇年頃、ロマン主義の第一期と呼ばれるものが終わる時期がそうです。ブラームスが古典派の大がかりな形式を立て直す手段を見つけるのはその頃です。彼に先立つ作曲家たち、シューマンやショパンにとって、ソナタ形式は難題を示しています。ブラームスに続く人たちにとって、その形式はふたたび霊感源になります。ブラームスはハイドンやモーツァルトの模倣を完全にモダンな音楽に組み入れるのに成功します。彼は明白な様式的変更を導入したのです。

テマーソン　古典派の時代に、ブラームスの果たしたものに匹敵する役割を果たした作曲家はいますか？

ローゼン　ハイドンですね。まさに彼は、モーツァルトが用いることになる諸形式を、ヨーハン・クリスティアン・バッハとともに確立するのですから。

　モーツァルトがもたらした変更は違った性格を持っています。二十歳以降、ピアノ協奏曲変ホ長調（Ｋ２７１）とともに、モーツァルトは古典派協奏曲を変えていきます。[13] 彼は新しい協奏曲概念を創り出します。オーケストラ（トゥッティ）と独奏の間の対照は他の作曲家たちよりもモーツァルトにおいて、はるかに一層顕著です。けれども、この一七七七年の協奏曲で、彼はオーケストラとピアノの間の対照をごちゃまぜにしています。つまり、独奏者の入りに先立ち、オーケストラに一〜二分の間演奏させる代わりに、彼は二秒間しかそうさせない。独奏者の予期されない、突然の入りの後、オーケストラは再度二秒間演奏し、そして独奏者は二回目の入りを果たします。それから独奏者は手を引き、オーケストラが演奏を続けます。モーツァルトは聴衆の予想を断ち切り、オーケストラと独奏者との間の対比を瞬間的に消滅させることによって、聴衆をびっくりさせるのですが、それは結果的には対照をより華々しく強めるばかりです。またそれは避けられないことです。区別が打ち立てられると、つねに誰かがそれを廃止するからです！　モーツァルトの協奏曲で興味深いのは、ピアノ奏者の入りがつねに思いがけないものであることです。ピアノ奏者は、オーケストラ部分だと思われるものの真っただ中で入ってきます。オーケストラが二番目のリトルネッロを終わらせる時、ピアノ奏者は最後のカデンツ〔終始〕の和音の真っ最中にトリルを伴って介入してきます。[14] ピアノの各々の入りは侵入なのです！　実際、モーツァルトはピアノとオーケストラとの間の相違を強調しようとするのですが、彼は二つの間の対照を、どれほど対照が故意に彼の課すトリックであるかに気づかせるために、混ぜ返し始めます。それは、モーツァルトがずっと後になって、ピアノ協奏曲ハ短調（Ｋ４９１）でしか繰り返さないことです。[15] 第一楽章の終わり、ピアノのカデンツァの後、オーケストラの終結部が予期される際、ピアノはオーケストラの最終部分を遮り、オーケストラの独奏者たち、つまり弦楽四重奏〔ヴァイオリン2、ヴィオラ、チェロ〕および木管楽器と一種のコーダに取りかかります。それはとても独特で素晴らしい響きで終わります。

ベートーヴェンは、ピアノ協奏曲第三番、第四番、第五番でモーツァルトを模倣しました。第三番で、ピアノは、伝統がそう要求していたように、オーケストラに最後の言葉を委ねることはしません。第四番では、オーケストラの前に、まず演奏するのはピアノです。第五番では、オーケストラの最初の和音はピアノの入りによって遮断されます。そのように、ベートーヴェンも、彼の最も重要な協奏曲において、独奏者とオーケストラとの間の対照を、常套的なやり方の裏をかきつつ強めています。

テマーソン　モーツァルトやベートーヴェンと同じ時期の作家たちも、そのように形式やジャンルをいじくっていたのでしょうか?

ローゼン　三つの顕著な例が私の頭に浮かびます。『運命論者ジャック』の中で、モーツァルトの同時代人ディドロ[16]は、最初のページから、ジャックの恋物語を一年、二年、三年待たせるかは自分次第でしかないと明言しに割って入ってきます！　ティーク[17]の戯曲『さかさまになった世界』は、ベートーヴェンの初期の作品と同じ頃書かれましたが、次のようなエピローグ〔結びの口上〕で始まります。つまり、登場人物のひとりが舞台に登場し、観衆に舞台は気に入ったかと訊ねるのです。最後に、同じティークの『長靴をはいた猫』で、作者は道具方と口論しにやって来て、自分のテクストを歪められたと嘆きます。別のまったく傑出した場面では、長靴をはいた猫、その主人である王、王女、そして宮廷の人たち全員が登場し、仙女カラボスの宮殿の前で演じる準備をしている際、長靴をはいた猫が言います。「いやはや、〈魔笛〉の装置を置きやがった！」と。オーケストラは火と水の試練〔の音楽〕を開始し、猫とその主人はタミーノとパミーナの役を演じ始めます。別の例、クレメンス・ブレンターノの一八〇一年に書かれた小説『ゴトゥヴィ』の第二巻で、主人公は語り手と散歩をしていて、突然叫びます。「ああ、あそこに君が第一巻の百四十六ページで落っこちた池がある」と。その後、語り手は死に、小説の登場人物たちが物語を終わらせるのですが、彼らは語り手を追憶して幾つかの詩を物語につけ加えます。

　音楽においてと同様、そうした実践は、様式の変化、ロマン主義の到来を予告しています。作家たちは、既成の文学慣習から解放され始め、演劇、物語、エッセー、詩、旅行記といった様々なジャンルを混ぜ合わせます。

テマーソン　二十世紀の文学もまた、慣習を断ち切りますね…

ローゼン　たとえば、プルーストは小説の慣習を断ち切ります。小説の語り手はマルセルという名だろうと承知させておきながら、彼は、自分の小説の中で、何が小説に従属するもので、何が自伝に属するものなのかを疑ってみるよう私たちを促します。もっと近年の作品では、劇作家アラン・エイクボーン[18]の戯曲を挙げることができるでしょう。彼の戯曲のひとつでは、二組の夫婦生活が舞台で同時に描かれます。二つの客間の家具が同じ舞台空間にまとめられているのですが、一方の世帯の方が他方よりも金回りが良いので、容易に見分けられます。その戯曲の第二幕は本当の離れ業です。招待された同じ一組の男女がお互いの家で食事をするのですが、一日間隔で行なわれる二つの食事が同時に演じられ、各々の食事の後、同じ登場人物は完全にびしょぬれになっています（こっちでは、その人物の顔にスープが投げかけられ、あっちでは水道管が壊れる）。

テマーソン　その種のいたずらはずっと以前から行なわれているのではありませんか?

ローゼン　もちろんそうですが、いわゆる古典派の時代では、既成の形式を変更するだけに限られます。先に述べた場合では、しばしば演劇、音楽あるいは絵画の基礎そのものが開拓され、さらけ出され、再検討されるのです。モーツァルトは音楽形式と上手に「戯れる」ことはできても、音楽そのものに食って掛かることはしません。それに反して、シューマンは連作歌曲集《詩人の恋》でシニカルな詩と組み合わせるため、故意に凡庸な音楽を書きます。ひとりの若者がひとりの娘にのぼせ上がるけれど、娘は別の人を愛していて、若者の心は打ちひしがれ、と、まったく月並みな物語なのです…　マーラーも別なことをしていません。彼は自分の作品で、一番真面目な契機に、とても通俗的な歌を導入しています。

テマーソン　そうした手法には風刺的な価値があるのですか?

ローゼン　その通りですが、彼らに先立つ作曲家たちは、真面目な作品にこの種の風刺を導入することはけっしてなかったでしょう。モーツァルトはたしかに《音楽の冗談[19]》を書きましたが、それは特殊な作品です。音楽はまずいけれど、それでもしゃれている！　フーガ〔第四楽章〕で、彼は各々の楽器の入りに休止を導入するのですが、それはまさにフーガでやってはならないことなのです！　ゆっくりした楽章〔第三楽章：アダージョ・カンタービレ〕では、カデンツアの間、ヴァイオリンは間違った音を演奏します。楽曲は物凄いカコフォニー〔不協和な響き〕

で終わりますが、それは、少なくとも作曲家には気に入ったに違いありません！　奇妙なことに、つねにこの種の先例が見出されるのです。モーツァルトはふざけます。もっと後になると同じ不協和音が書かれても、もはや真面目に取られるのです。奇妙だからカコフォニーを作り出すというのは何でもありませんが、美しいからそうするというのは、音楽の流れを変えます！

テマーソン　先ほど、シューマンは、彼の作品のひとつで、音楽の基礎そのものを露わにし、再検討に付したとあなたは説明しましたが、それはロマン主義の運動に典型的なのですか？　あなたの考えでは、その最も興味深い特徴は何なのでしょう？

ローゼン　ロマン主義はひとつの様式ではなく、ひとつの計画〔企画、プロジェクト〕です。ロマン主義の人たちは芸術における中心という考えを廃止しました。つまり副次的と見なされていたものに価値を与えたのです。彼らはジャンルのヒエラルキーをひっくり返しました。音楽において、いわゆる第二義的なジャンルが壮大な作品に取って代わります。つまり、連作歌曲集（シューベルトの《冬の旅》やシューマンの《詩人の恋》）は《マタイ受難曲》と同じくらい卓越した傑作です。芸術作品としてのリート〔とりわけドイツ語芸術歌曲を意味する〕の形成は明らかにロマン主義の最も重要な成果のひとつです。歌謡はつねに存在してきたジャンルですが、それ以前には、けっしてリートのような地位や深遠さの度合いに到達したことはありませんでした。同じ理由で、舞踊音楽の活用——ショパンの《ポロネーズ》や《マズルカ》を挙げることもできるでしょう。ショパンの晩年の作品《幻想ポロネーズ》は見事ですが、彼以前には想像もつかなかったでしょう。絵画でも、同じような大変動が生じました。コンスタブル[20]やカスパー・ダーヴィト・フリードリヒ[21]は伝統的な主題を放棄し、歴史的ないしは宗教的な脈絡すべてから切り離された風景、見る人に直接語りかける風景を描きます。印象主義の画家たちもまた、風景、都会の光景、日常生活と取り組むことになります。モネ[22]の連作画、たとえば『積み藁』は連作歌曲と比べられる一種の叙事詩的作品です。

　音楽の構想と音響的実現との関係は、十九世紀初頭に変化します。十八世紀に、モーツァルトが管楽器のための八重奏を弦楽五重奏に書き換えた時、彼はその一音符たりとも変えていません。楽曲が弦楽器によって演奏されるという事は楽曲に何の影響も及ぼさないのです。モーツァルトの作品、あるいはスカルラッティの作品において、様々に異なる楽器の音色は、伝統的な構造の内部でしか活用されていません。重要な構造的要素としての音色はもっと後になってから活用されます。シューマンやリストを起点に、音域の諸問題や様々に異なる楽器の重視に基づいた音楽の新しい構想が現れるのが分かります。それはむしろモダンな考えです。つまり伝統的な構想を覆して幾つかの楽器の音色を重視するのです。

テマーソン　そうした音色の新しい活用と等価なものは、絵画にも見られますか?

ローゼン　ええ、とても徐々にですが、世紀が流れていくうちに、絵画は現実界から離れていきます。具象画家たちは次第に絵画の手法や素材に注目するようになります。それはすでにドラクロワ[23]やクールベ[24]の画布において明らかです。抽象画は、部分的にそうした手法上の解放から生まれました。

テマーソン　差し支えなければ、ロマン主義に戻りましょう。ハーヴァード大学で一九八〇年に行なった講義で、あなたはリートと文学や絵画における風景の描写とを関係づけています。

ローゼン　そうです。ほとんどすべての連作歌曲、シューベルト、シューマン、ベートーヴェンの連作歌曲は、連作風景画です。さて、十八世紀末頃に、詩や観光案内や学術書の中で書かれた風景描写を分析すると、それらが二つのレヴェルの時間を喚起していることが分かります。詩人や作家たちは現在のとてもはっきりした時間を選び、そこに過去の刻印、私的な感情の思い出、あるいは風景の中でつねに目立つ地質学的痕跡を付け加えます。ベートーヴェンとシューベルトはそうした二つの時間レヴェルを音楽で表現する手段を見つけた最初の作曲家たちです。シューベルトの《冬の旅》は思い出の詩で始まります。詩人は不幸な恋の苦い思い出を抱きつつ町を離れるのです。リズムは散策のリズム（現在）ですが、他方痛切な情動（過去）は弱拍に置かれたアクセントや不協和音によって特徴づけられています。過去と現在が同時に表現されているのです。とてもしばしばシューベルトのリートは、統一性をそのように重複した想起に負っています。[25] まさに同じ頃、風景画家たちも今現在の瞬間と時間の移行――移ろいやすい光度、浸食の影響、古い木々……――を捉えようと努めます。たとえば、コンスタブルは、ソールズベリー大聖堂を表現するために、明るさの不安定な瞬間、嵐の最後で日差しが完全に戻ってくる数秒前を選んでいます。

テマーソン　ロマン主義の音楽、絵画、そして文学との間で他にどのような関連づけをあなたは行ないますか？

ローゼン　断片形式はロマン主義に典型的な形式で、まず文学作品に見出されますが、一八二五年からは、音楽にも現れます。それは絵画にも存在します。音楽では、展開部の中で始まるように思われ、最後に真の終止形を持たない作品です。そのように、シューマンの《詩人の恋》の「美しい五月に」は、属七の和音で解決することなく終わります。[26] ドイツ文学では、シュレーゲルやノヴァーリスの作品などに多くの断片の例があります。同様にヘルダーリン[27]の『ヒューペリオン』を挙げることもできるでしょう。それは「次の書簡に続く」という文章で終わっています。一七八〇年から一八二〇年の間に、ヨーロッパの人々は断片を書き始めます。美術においては、それに対応する表現は、とりわけ、カスパー・ダーヴィト・フリードリヒの作品に見出されます。アンリ・ゼルネールと一緒に著した『ロマン主義と写実主義[28]』の中で、私たちはそのことについて詳細に語っています。

テマーソン　ロマン主義の影響は今日なお感じられますか？

ローゼン　ええ、批評家たちが、芸術において、諸々のヒエラルキーを覆し、マージナル[29]と見なされるものを再評価し続けている限りにおいては感じられますね。ジョルジュ・フェイドーのような笑劇の作家は二流の作家に分類されていましたが、今では当時の最も優れた劇作家として認められています。映画は、当初、マージナルな娯楽と見なされていましたが、今日では最も重要な芸術のひとつと考えられています。

テマーソン　私たちの時代はそうするとロマン主義的なのでしょうか?

ローゼン　創造家たちが何かまったく新しくて独創的なもの、もっと感動的でセンセーショナルなものを作れると信じた限りにおいてはそうでした。そうした信念が姿を消したので、今ではもはやそうではありません。もっとも、そうしたロマン主義の時代がまた私たちに戻ってくることはあるかもしれませんが。

音楽演奏

L'exécution musicale

テマーソン　批評は作曲家の観点に立つ必要があるとのことですが、演奏家は同じようにする必要がないのですか？

ローゼン　私がとても心を奪われている問題、つまり楽譜に対する忠実さの問題に差しかかるわけですね。答えるのは生易しいことではありません。演奏者は自分が完全に忠実であることを示し、すべての音符を正確に演奏し、まずい演奏に至るかもしれません。逆に、演奏者は楽譜にいくつかの変更をもたらし、作曲家の精神にまったく忠実な演奏を実現することもあり得ます。私の理想とするのは、想像力を示しつつも、楽譜を厳密に尊重する音楽家たちです。テンポ、ダイナミックス、アクセント、フレージングを変える音楽家たちは時に興味深い結果を手に入れますが、それはあまりにも安易な手段によってです。シュナーベル[1]やソロモン[2]がそうしたように、まるで即興し、作品を創造しているような印象を与えつつ、作曲家のテンポ、ダイナミックス、フレージングを守ることの方が、はるかに一層難しいのです。
とにかく、シュナーベルが言ったように、決定的な演奏というものは存在しません。ベートーヴェンの一曲のソナタは、その演奏をつねに上回るでしょう。楽譜を遵守するには幾つかの方法があります。それらによって、まったく異なる演奏が結果的に生じます。興味深いのは、まさにテクスト〔楽譜〕と演奏との間の緊張関係で、それは演奏者があまりにも楽譜から遠ざかると消滅してしまいます。難しさすべてはそこにあるのです。とても個人的で創造的なやり方で、けれどもテクストに完全に基づきつつ演奏するに至るのですから。
忠実さの概念は真正《オーセンティシティ》さという幻想に結びついています。演奏者は或るひとつの音楽作品を独立した構造として、あらゆる歴史的脈絡の外で考察すべきなのか？ それともその時代の演奏解釈を再創造すべく努めるべきなのか？ それは、今日、激しい論争を生じさせているディレンマです。

テマーソン　あなたはその論争でどの立場を取っているのですか？

ローゼン　あいにく、私の立場はふたつの対立する陣営の中間になりますね。歴史的な知識を持ち、作曲家をその時代に位置づけることができ、当時の楽器を知ることは重要で、演奏家はそうした知識を自分の演奏に取り入れるべきだと私は思います。けれども、時代の演奏解釈や響きの厳密な復元を要求するのは適切ではないと考えます。音楽はつねに様々な演奏解釈のために創られてきました。十八世紀には、フランス的演奏法とドイツ的演奏法がありました。バッハの作品のフランス的演奏を認めがたいとするいかなる謂われもないのです！　もっと後になると、ブラームスはフランス人指揮者による自分の交響曲を聞いて十分満足していました。ヘンデルのオペラの或るアリアはあのソプラノ歌手ないしあのテノール歌手のために作曲されたのだと言っても無駄で、つねに代わりの歌手がいて、別な風に歌われる同じアリアを聴けたのです。ただ一つの歴史的、不変かつ最終的な演奏解釈しか存在しないと主張するのは、音楽の機能を完全に損なうことです。

テマーソン　過去において音楽作品がどのように演奏されたかを正確に知ることはできるのでしょうか？

ローゼン　十八世紀と十九世紀において音楽作品がどのように演奏されたかは、正確さの度合いは多少あるけれど分かります。二十世紀以降では、私たちには録音があります。でも、録音があっても何も変わりません。一九二〇年代に録音されたものを聴くと、演奏者はその時代に書かれた作品をどのように演奏したらよいかを必ずしも理解していなかったことが分かります。まったく新しい様式で書かれた音楽の演奏を習得するには十年か二十年がかかります。音楽的伝統すべてを一新する作品は、演奏者が深い影響を受けた演奏慣習を再検討することを要求します。

しばしば作曲家自身、自分の作品の意義すべてを把握していなくて、それらがどのように演奏されるべきかを正確に分かっていません。ベーラ・バルトークは革新的な作曲家で、またとても優れたピアニストでした。彼はのびのびとして大変美しい優雅さを以て演奏していました。けれども自作の演奏では、他のピアニストたちが彼以上にうまく表現できた幾つかの細部を聞かせるに至っていません。バルトークの作品を演奏する際には、彼の優雅さを思い出し、そこに的確さを付け加え、一種の総合を実現する必要がある…　一九二〇、三〇、四〇年代のすべての作品について、今日、そうしたことが次第になされるようになっています。

テマーソン　そうだとすると、音楽家が作曲当時の演奏を再現しようとするのは誤りだということになりますか?

ローゼン　私たちの往々にして疑わしい知識にひたすら頼るのは誤りでしょうね。良識の命ずるところに従うより、楽譜を厳密に尊重してしまうことでしばしば間違ってしまうのです。たとえば、ベートーヴェンのピアノソナタ『熱情』作品五十七の出版譜にはすべて、初版を含め、リンフォルツァンド（rinforzando (rin.)、「急激に強めて」）の代わりにリタルダンド（ritardando(rit.)、「だんだん緩やかに」）を植字するという印刷ミスがあります。それは最初の製版者のミスです。ですから、一層ゆっくりとではなく一際力強く演奏すべきです。ところが、多くの真面目で礼儀正しいピアニストたちは印刷された指示に従っていました。それほど謙虚ではないピアニストは即座にそのリタルダンドはナンセンスだと分かったものですが。[3] 作品三十一のソナタ〔第十六番から第十八番までの三曲〕について、ベートーヴェンは或る手紙の中で、ダイナミックスの指示の配置がまずいと嘆いていましたが、それ以上は述べていません。ですから、ピアニストには次の三つの手段が可能なものとして残されています。つまり、好きなように演奏し、ベートーヴェンの意図を無視するか、印刷された指示に盲目的に従ってミスを犯してしまうか、最後に、音楽の意味を解釈して、良いダイナミックスを再構成すべく努めてみるかです。

テマーソン　現代の作品に不明瞭さが存在する場合、それでも演奏家は作曲家に問い合わせて、自分の疑いを取り除けるのではありませんか？

ローゼン　いつもそうできるとは限りません。ストラヴィンスキーの《セレナード》と《ソナタ》のディスクを準備していた時、楽譜に印刷ミスがあると確信していたので、彼に訊ねに行ったことがあります。私は楽譜を彼に見せ、ここの箇所は、本位へ音ではなく嬰へ音が問題になっているのではないかを知ろうとしました。ストラヴィンスキーは長いこと楽譜をじっくり観察した挙句、答えられなかった！　明らかに、彼には分からなかったのです。そして彼が最後に私に与えた答えが正しかったかどうか、誰に分かるでしょう？　私が来る前に、ストラヴィンスキーは彼の友だちで、ロシア生まれのアメリカ人の作曲家アレクセイ・ヘイエフ[4]に電話をし、自分のもはや覚えていない作品についてひとりの若いアメリカ人が問いただすのだと思うと狼狽してしまうと打ち明けたことを、私は後になって知りました！　アレクセイは、私が手ごわい人物ではないと保証して、彼を落ち着かせなければならなかった…

　それに、何人かの作曲家の自筆スコア、とりわけドビュッシーやシェーンベルクのスコアには、明らかに、書き間違いがたくさんあります。

テマーソン　真正さの概念に話を戻しましょう。私の理解が正しければ、演奏者にとって、歴史的真実は望ましい目標ではないのですか？

ローゼン　バッハの例を採り上げてみましょう。《平均律クラヴィーア曲集》のような、彼の作品の幾つかは、一般聴衆の前で演奏されるために構想されてはいませんでした。ところが私たちは聴衆の前でそれらを演奏し、聴衆にとって興味深く、理解可能なものにしなければなりません。《平均律クラヴィーア曲集》では、主題は隠れていることが多いのですが、もし、必ずやバッハがそうしたように、それを聞かせようとせずに演奏すれば、聴衆は途方に暮れてしまうでしょう。クラヴサンやオルガンといった当時の楽器で、隠れた声部を目立たせるのは困難です。それに反して、現代のピアノで、他の声部すべてを犠牲にして、主題の各々の入りを優先させると、フーガを歪めてしまうことになります。フーガの面白味は、すでに耳にした主題にではなく、主題と他の諸声部との結びつきにあるからです。ですから、丁度中間を取って、主題を相当はっきりと、でもはっきりさせすぎずに聞かせ、今日の聴衆に作品の意味を、学者ぶることなく伝える必要がありますね。

　同じ問題は文学作品にも提起されます。従妹ベットのモデルが分かっても、バルザックの小説の一層興味深い解釈は提供できません。その小説の重要性はその種の細部に帰されはしません。バルザックが自分の母親を主人公であるオールドミスの原型のような女性のモデルにしたのを知っているということは、結局、小説の意義から私たちを逸らしかねないとすら言えます。[5]それはそうとして、適切な解釈が、作者の個人的な生活や、時代の影響や、作品がその作者や同時代人たちに対して持ち得る意味をまったくないがしろにするわけではありません。それどころか良い読者は作品に個人的かつ自分の同時代的な解釈をもたらします。それこそまさに作者が望んだことでしょう。作家は、読者が自分の作品をわがものとすることや、作品の影響力が作家みずからがそれに与えることのできたものを凌駕することを予期しています。作家は自分の同時代人たちの人生や未来世代の人々の人生を豊かにするために書くのです。私の言っていることは月並みだけれど、不可解なことに、人々はしばしば忘れている…

テマーソン　オペラの演出家はどのような自由を獲得できるのでしょうか？　ピーター・セラーズ[6]、パトリス・シェロー[7]、あるいはジョナサン・ミラー[8]といった何人かの人たちは伝統的な演出に比べて多くの自在さを発揮していますね。

ローゼン　当時の上演を文字通り復元する演出はひどく退屈だと思います。でも逆に、そこから完全に逸脱している演出はむしろ邪道ですね。私が思い浮かべるのは、ピーター・セラーズの最初の重要な演出ですが、そのヘンデルの《オルランド》では、登場人物たちが、薄汚いキャンプ用半ズボンをはいていました。バロック・オペラはむしろ衣装や装置の威厳ある優美さを要求していたのですが。

シェローは歌手や俳優を完璧に統率する類まれな才能を持っています。まったく見事で、結果は卓越したものです。けれども、彼の演出で、いくつかの選択は私には不可解で、あいにく私の注意を逸らしてしまいます。《ジークフリート》における籠に入った機械仕掛けの小鳥はヴァーグナーの何の足しにもなりません。また《ルル》の第二幕は、小さな、閉じられた、豪奢な客間で展開され、シェローはそれを一階のクロークルームとその上階の宴会場との間の大きな階段のところに設定しているのですが、当惑する結果に至ります。つまり、シェーン博士が殺された時、警官たちが階段を下りてくるのを目にして、私は訝ったのです。彼らは宴会に招待されていたのだろうか、と。

　ジョナサン・ミラーの《リゴレット》は大成功だと思いました。彼はそれを五〇年代ブルックリンのマフィア街に移し変えています。素晴らしい発想です。テノール歌手はジュークボックスにコインを一枚入れ、「女心の歌〔女は移り気〕」を選ぶのです。それはまったくヴェルディの気持ちに適っています。ヴェルディはその歌がすぐ人気を得ることを承知していましたからね。初演の際、その歌をずっと前から知っている印象があると言われたものです。

テマーソン　いくつかの場合、演出家はあまりに観衆に知れ渡っている作品を刷新するために自由な解釈を取ると私には思われます。また一般的に、今日の愛好家たちがディスクを自由に使えるということは、彼らの音楽との関係に確実に影響しているはずではないでしょうか？

ローゼン　十九世紀、そして二十世紀の初めですら、ドイツ、フランス、イギリス、アメリカ合衆国の音楽愛好家たちは、交響曲をピアノ連弾で演奏して楽しんでいました。彼らは今日の聴衆より教養のある聴衆だったのです。そうした連弾は愛好家たちの積極的な関与を必要とし、作品の細部に親しませ、そしてとりわけ、楽譜に記されているものとその音響的実現との間の相違に敏感にさせていましたから。不幸なことに、録音された音楽は、結果的に、聴衆が作品をその音響的実現と同一視するようにさせています。ディスクは私たちと同時代の人たちの音楽的地平を広げましたが、そのような同一視は率直に言って有害です。また、「真正な」音楽への信仰や、古い楽器を用いた演奏が問題となる場合、逆説的な「真正さ」に至ることになります。演奏会では、十五分経つと楽器は調子が狂い、すべての和音は間違いとなってしまう。ディスク上でしかそれらは正しくないわけです。楽器奏者は録音中に絶えず中断して楽器を調整し直すからです。ですから真正な十八世紀はディスクと同一視されます！　サン＝テヴルモン[9]の著述には次のような観察が見出されます。「オペラは最初の十分の間はとても素晴らしい。その後は、ひどい！」

テマーソン　真正な音楽のそうした流行は今なお相矛盾した議論を生じさせています。

ローゼン　真正さの熱狂的愛好者たちは、きわめて優れた作曲家たちですら、自分の作品が演奏される際どのように響くかを正確には分かっていないということを忘れがちです。たとえば、ヘンデルは、歌手たちが彼の作品に装飾音（トリル、モルデント）を付け加えることを知っていました。けれども彼はどのような装飾音が自分の旋律的な骨組みにつけ加えられるかを正確には見抜けていなかったのです。彼は漠然とした見通ししか持てなかった。歌手たちは幾つかの慣習の中から選択していたからです。ヘンデルがオペラやオラトリオのアリアを作曲する際、とりわけ自分の骨組みを意識していたことは明らかだと私には思われます。極言すれば、装飾を一切伴わない（あるいは即興によるわずかばかりの装飾だけを伴った）演奏を、それが美しければ、正当化することすらできますね。

　私はヘンデルのアリアをターナーのマニエール・ノワール（またはメゾティント技法）と比べるのが好きです。[10] ターナーはマニエール・ノワールで仕上げられることを前提にしたエッチング〔腐食銅版画〕を製作していました。銅板をマニエール・ノワールの職人に渡す前に、彼は自分のエッチングを何枚か刷り、友人への贈り物としたものでした。ですから彼はそれらが相当美しいと考えていたはずです。しかし、それらは「装飾」を欠いた、あるいはターナーが銅板と一緒に職人に送った水彩画に基づいて職人が加えるであろう色調のグラデーションを欠いた、未完成な作品でした。

テマーソン　あなたの考えでは、ヘンデルのアリアを、十八世紀には決してそうされなかったにもかかわらず、装飾なしで歌えるのですか？

ローゼン　もしそれが美しいと考えるのであれば、断つ必要のない喜びですね！　しかし、私はそれを勧めないでしょうが。一般的にいって、ともあれ慎重でなければなりません。いくつかのパッセージでは、慣習が他の何ものでもない、一定の装飾を、曖昧さを一切伴わずに要求していました。旋律の輪郭がそこではとても貧弱なので、作曲家は装飾を伴わずにそれを耳にするのに不満を覚えたことでしょう。当時、歌い手には、元の〔旋律的〕骨組みを隠さず、輪郭を歪めないようにと指示されていましたが、作曲家たち自身が装飾を付け加えた場合、彼らはそうした方針にほとんど注意を払っていなかったと私は保証します。というのも、装飾を加えるや否や、興味深くなるのは装飾であって、骨組みではないからです！

　結局、ヘンデルのそれらの作品を演奏する際には、何を聞かせたいか、そして今日何が私たちの関心を惹きつけるのかを考えるべきです。けれでも、そこでもまた、ディスクがそう信じ込ませるような、反論の余地のない決定的な演奏はありません。装飾の問題はさておき、同様に、ヘンデルが歌手の配役や彼らの歌唱能力に応じてオペラのアリアを変えたことを考慮に入れる必要があります。

真正さの熱狂的愛好者たちは規則に夢中で、音楽の示唆《インスピレーション》を信用していないという印象を私はしばしば持ちます。音楽について省察する代わりに、彼らは慣習や古い楽器についての自分たちの知識を適用します。彼らの演奏は思い上がっていると同時に控え目です。彼らは自分たちの学識には確信があるのですが、自分たちで演奏解釈するにはあまりにもへりくだっています。十八世紀にはそうだったことを知っているのを示すために、二つか三つの些細な装飾を加えてモーツァルトを演奏するピアニストたちを知っています。いくつかの小さいトリルやアルペッジョを付け加えることは真正でさえありません。当時はたくさん装飾を付け加えるか、あるいは何も付け加えないかだったからです。もし自分の装飾ゆえに感嘆してもらうことを望むのなら、できるだけたくさんの装飾を繰り広げる必要があります。音楽は、ヘンデルのアダージョ楽章のように、装飾をたくさん許容するか、あるいはモーツァルトのアレグロ楽章のように何も許容しないかです。実際、ある楽曲が、適切に付け足せるには既に十分なほど装飾を含んでいる場合には[11]…

身体的喜び、知的喜び

Plaisir physique, plaisir intellectuel

テマーソン　分析する喜びと演奏する喜びの違いは何ですか？

ローゼン　或る楽器を演奏するのは身体的、筋肉の喜び〔快楽〕です。自分の指を動かし、とりわけ指を鍵盤に触れさせることに強烈な喜びを感じることなくピアニストになることはありません。

テマーソン　音を出すため？

ローゼン　そうではありません。音は心の中で聞くのです。音は想像される。さらに、それはピアノの教育においてとても難しいことのひとつです。生徒は自分の内なる声に耳を傾ける術を学ぶ必要があるのです。ピアノを弾くために自分の内なる声に耳を傾ける必要はありません！　ヴァイオリン奏者はそうしないわけにはいきません。つまりヴァイオリン奏者は自分が正しい音を出しているかを知らなければなりません。けれどもピアニストには自分が間違った音を出しているかは鍵盤によって分かります。奇妙にも、ピアニストにはその鍵盤を叩く千分の一秒前にでさえそれが分かるのです。ピアニストにとって、自分の内なる声に耳を傾けるのはひとつの束縛かもしれない。というのも、演奏する筋肉的喜びはそれ自体満足のゆくものですから！　音楽は分かっていて、けれどもそれは身振りによって、音響を考慮に入れずに表現されます。もちろん、音響を想像することは演奏する喜びに寄与しますが、主要な喜びは楽器との身体的な触れ合いの喜びです。

テマーソン　ある人が演奏に人生を捧げるのは、そうした喜びを感じる時なのですか？

ローゼン　ええ、その喜びが身体的な欲求となる時です。自分はピアニストになるだろうとは決して考えません。こう思うのです。他のことをするなんて耐えられないと！　この身体的欲求は決定的です。音楽家という職業はとりわけ快適だというわけではありませんから。始終旅行するけれども、目にするのはホテルの部屋と演奏会場だけです。疲れすぎるから、観光をすることや美術館へ行くことはできません。その場にあるピアノの音を改善するために調律師や技術者と途方もない時間を費やす…　いや、どう考えても、その身体的欲求がなければ、別の職業を選ぶでしょうね。けれども喜びに関することでは、ピアノはとりわけ満足のゆく楽器です。ひとりで演奏でき、すべてをコントロールするわけですから。

テマーソン　筋肉の喜びと身振りと音楽との間の関係を詳しく説明していただけますか？

ローゼン　鍵盤のための音楽は運動感覚的な側面を持っています。腕や手の配置は何よりの証拠です。手の緊張や動きの筋肉的感覚は、音の高さ同様、表現内容を喚起します。たとえば、ショパンの表情豊かなパッセージにおいて、和声はピアニストの手がぴんと張りつめているような状態です。手が採用する形は音楽によって表現される情動を強調します。ショパンの作品を聴く喜びは、それを演奏し、手の緊張によって、自分自身の感情や作曲家の感情の強さを喚起するのだとピアニストが感じる喜びとは比べられません。実際、作曲家の感情は演奏者の体に伝わっていくように思われます。ショパンは、親指と人差し指を使わず、手の残りの三つの指で半音階をピアニッシモで演奏するよう教えていました。それはとても穏やかな演奏を確実に行なえるやり方です。それらの指を使ってフォルテで演奏するのは一層難しいからで、けれども同様に、とても弱い指を使って演奏家が体験する身体的感覚によって演奏の繊細さを増すことのできるやり方でもあります。

音楽がもたらす喜びは、音響から独立したものでもあり得るけれど、音楽的意義から独立していることは稀です。シューマンの〈夕べに〉[1]で、ひとつのパッセージは右手の親指の上に来る左手の親指とともに演奏されます。各々の手は親指によって特徴づけられた異なるリズムに従っています。つまり右手は三拍子系、左手は二拍子系で演奏します[2]。親指を交差させる喜びはこのパッセージの音楽的意義に結びついています。左の親指が右手のリズムを浸食するからです。左の親指が右の親指の上に位置する間、それは右手によって演奏される二番目の音を時に強調することになります。連続的に奏される鐘の音に似たリズムが得られます。この浸食効果の意義はピアニストには身体的に伝えられますが、そうした効果が聴き手によって十全なかたちで評価されることはほとんどあり得ません。

リストの《ラ・カンパネッラ》[3]では、ピアニストは鐘の音をもたらすために、絶えず自分の手を鍵盤のもう片方の端に投げかけなければなりません。この軽業のような動きは、視覚的な喜びを獲得させますが、同様に筋肉の喜び、つねに正しい鍵に届く喜びももたらします。もちろん、それを外さないならね！

テマーソン　そうすると、何か運動競技的なもの、技術的に難しい何かを成し遂げる喜びが存在するのでしょうか？

ローゼン　成し遂げる喜びは、知的なものではないし、純粋に音楽的なものでもありません。けれども、そうした「運動競技的な」喜びの重要性や、演奏の競争的な側面を過小評価すべきではありません。他の人より速くあるいは力強く演奏する、難しいリズム的効果をうまく出す……それは、十八世紀以降、音楽が広範な聴衆のための芸術になるや、進行していく側面です。

私が聞いた話ですが、ヴィーンでは、三人のピアニストたち、エミール・フォン・ザウアー[4]、レオポルド・ゴドフスキー[5]およびモーリッツ・ローゼンタールがショパンの《黒鍵のための練習曲》の演奏に秀でていました。ザウアーはそれを完璧に弾き、ゴドフスキーは有名なオクターヴのパッセージをグリッサンド――とても難しく苦しいのです――でこなして演奏し、ローゼンタールはそれをグリッサンドで、しかも反対方向に各々の手を動かして演奏したそうです[6]！同様に、ピアニストたちが競ってシューマンの《トッカータ》[7]をできるだけ速く演奏したことも知られています。一九三〇年代、シモン・バレル[8]は二五・四〇センチメートルのディスクでトッカータを収録することに成功しました。彼はもっとも難しいパッセージでほんの少し速度を緩めただけでした！　ピアニストたちは、技術的に難しいものを楽譜につけ加えて楽しみすらしています。ゴドフスキーはショパンの練習曲を左手のために編曲しましたが、それは難易度を三倍にします。ブラームスは、ショパンの或るひとつの練習曲を、三度〔音〕や六度〔音〕を付け加えることによって、わざと、実際上演奏不可能にしました。

十九世紀の半ば頃、演奏するのが辛い楽曲が書かれ始めます。ショパンのいくつかの練習曲は何人かのピアニストの筋肉をあまりにも酷使するので、ピアニストはそれらを弾く際、苦しみを乗り越えなくてはなりません。ショパンはあまりにも辛くなったら練習をやめるよう生徒たちに助言したという証言すら残っています。そうした主要な困難をなしているのはショパンの練習曲の長さです。困難なのは、最初の二つのフレーズの後、努力を持続させることです。ブラームスの《パガニーニの主題による変奏曲[9]》は、同程度の技巧性を要求しますが、そのために各変奏曲は短いのです。

ピアノ演奏を教える場合、生徒たちには弾く際に筋肉を緩ませることを教える必要があります。それは、ピアノに向かってどう体を位置づけるかとか、手をどう置くかということよりはるかに重要です。そうしたことはピアニストによって異なります。また同時に、筋肉の緊張は音楽の情動的な表現性に寄与します。身体的な努力は演奏解釈者に喜びを獲得させます。演奏者はオリンピック競技の走者に似ています！

テマーソン　演奏のそうした身体的要素を評価してもらうことはできるのですか？

ローゼン　ピアニストはほとんど運動競技的なまでの緊張を伝え、聴衆がそれを感じ取れるようにすべきです。椅子の上で体を動かしたり、難しいふりをするのが問題ではありません。その代わり、難しい箇所が難なく克服されはしても、それが聴衆に相変わらず感じ取れるようにはすべきですね。いくつかのパッセージは、演奏するのがあまりにも容易に見えると、その効果を欠いてしまいます。たとえば、旋律における大きな跳躍で、ピアニストは声楽のまねをして、とても低い音からとても高い音に移るのですが、そのフレーズをあまりにも速く演奏すると、その表現力を減じてしまうでしょう。音の隔たりは少々厄介なのだという印象を与える必要がありますね。

　感動はしばしば難しさに結びついています。ショパンの極度に激しいパッセージは一般に極度に難しいのです。演奏者は、自分の演奏に聴衆が一体化できるよう難しい部分の感覚を維持する必要があります。名人芸《ヴィルテュオジティ》はつねに表現力の一手段です。

テマーソン　ヴィルテュオジティはつねに表現力に仕えるべきだということですか？

ローゼン　いいえ、ヴィルテュオジティはそれ自体表現的なのだということです。ショパンのような作曲家がヴィルテュオジティに頼る場合、それがとても特別なやり方で表現力に富んでいるからなのです。演奏者はヴィルテュオジティの自然で本質的な表現力を強調すべきです。もちろん、平板かつ無分別に演奏された技巧的なパッセージを耳にすることはあります。そこから何かが生じることなしに！

テマーソン　その身体的な喜びはピアノに独自な特性なのですか？

ローゼン　十九世紀がピアノのための音楽にとって偉大な世紀になったのは驚くに当たりません。ピアノはダイナミックスを伝えることを可能にし、ピアニストの体と音響との間の直接的な結びつきを確立しました。オルガンやクラヴサンといった他の鍵盤楽器はこの特性を持ちません。鍵盤を強く叩こうが、弱く叩こうが、音響は変わりないままでしょう。

その代わり、ヴァイオリンやチェロは音符を維持したり、維持されている間にその音響を変えたりする喜びを提供します。ピアノでは、音は多かれ少なかれ速やかに消えていきます。すでに叩いた音符上でクレッシェンドをすることはできません。ヴィブラートをかける喜びもありません。ですから、ヴァイオリン奏者やチェロ奏者は、彼らが自分自身の楽器しか演奏せず、それに愛着を持っているだけに、ピアニストが自分の楽器と有するよりさらに親密な付き合いを味わいます。今日、ピアニストは、その場〔演奏の現場〕に見出すピアノで我慢しなければなりません。昔、一九二〇年代には、ピアニストたちは、大西洋を越えるツアーにおいてですら、自分のピアノと一緒に旅をしたものでした。現在、それはあまりにも高くつきます。ホロヴィッツは自分のもの以外の楽器で演奏するのを少々恐れていたのですが、彼は楽器の運搬を可能とするのに十分なギャラを受け取った最後の人物でした[10]。

　けれども、三〇年代以降、ルビンシュタインですら、自宅から遠いところで演奏する際、自分のピアノと一緒には旅行しないことを受け入れていました。さらに、三〇年代には、技術者〔調律師〕がピアニストと一緒に旅行し、各々の演奏会の数分前にピアノを完全に調整したものでした。まだピアノの栄光の時代だったのです！　理屈の上では、今日も同様にすべきでしょうが、経済的な理由で、もはやそうなってはいません。

テマーソン　音楽は演奏されなくても存在するのでしょうか？

ローゼン　ええ、存在します。音楽を頭の中で演奏解釈したり、それを耳にすることなく、詩のように読んだりすることができますから。それは、演劇作品を読んだり、その演出を想像したりするのと同様、想像力の喜びです。

音楽的な諸関係を、その音響を想像することなく見つけて楽しむことさえできます。それは音楽の副次的な喜び、精神的で知的な、純粋に省察的な喜びです。たとえば、聞こえ難く、あるいは耳では理解し難いけれど、楽譜を検討すればまったく明らかで、理解できる対位法上の効果があります。音楽は聞こえない喜びをもたらすという考えは音楽学者たちを憤慨させます。彼らには、聞こえないものは音楽ではないという偏見があるのです。

　十九世紀より前、音楽は精神的な作業の成果で、その音響は様々なやり方で想像され得ていたということを、今日、私たちは理解しづらくなっています。バッハの《平均律クラヴィーア曲集》は、オルガン、クラヴサン〔ハープシコード、チェンバロ〕あるいはクラヴィコード[11]のために、そしてさらには、製造されたばかりで、バッハがドイツの主要な製造業者のために宣伝していたピアノフォルテのために書かれていました。ところで、これら四つの楽器の音響にはほとんど何の共通点もありません。オルガンは管楽器のようにすべての音符を持続させます。クラヴサンでは、弦がはじかれます。クラヴィコードでは、はじかれた弦にヴィブラートをかけることが可能です。一方ピアノでは音はハンマーで叩かれ、当初の音響はずっと強いのですが、短くしか持続しません。それでも、相変わらず同じフーガ、ないしは同じプレリュードです。その音楽は、それに託される音響からは独立して存在するのです。

　昔の楽器について書いたエッセーの中で、ルネッサンス期や十八世紀の音楽は当時の楽器との関連においてしか存在していなかったと信じるのは誤りだと私は述べました。音楽はつねにもっと抽象的でした。それは音高のシステムとして音響や音色の外部に存在していたのです。私たちにとってさらに理解するのが難しいのは、書かれた音高が必ずしも固定したものではなかったということです。それらは単に装飾されるばかりでなく、楽器の調律の仕方に従って演奏されていました。当時は、普遍的に共通したイ音さえなかったのです。ヴィーンのイ音はパリのイ音と同じではありませんでした。[12] そうした変化はきわめて多様な演奏を生じさせていました。とはいえ、楽曲が存在していなかったとは言えません。それは書かれていて、アイデアは実行に移されていました。それはあらゆる演奏を超えたところで喜びをもたらすことができていたのです。

　私たちの音楽概念を今や拡大し、それが少なくとも、筋肉的なものと、知的なものという二つの喜びをもたらすのを認める時だと私は思います。それらは直接聴覚には結びついていません！

テマーソン　以上が演奏解釈の喜びですね。それで書いたり、分析したりする喜びは？

ローゼン　分析の喜びは演奏の喜びと聴取の喜びの中間に位置づけられます。批評家はひとつの作品のいくつかの側面を聞かせたいという願望を演奏家と共有します。演奏家にどうやって演奏しろとは言わず、聴衆にひとつの聴き方を提案するわけです。けれども聴くことと演奏することは相互的な活動で、或る作品の表現的な価値を理解するために、聴き手は演奏者の立場に身を置くことができる必要がありますね。

テマーソン　音楽的な知識を少しも持たずに音楽を愛することは可能ですか？

ローゼン　音楽では、喜びと理解はほぼ同一だと言えます。それに、音楽分析は楽しみを明らかにするばかりです。

　そのことは、言語と思考は同一かという永遠の問題を私に考えさせます。シュレーゲルは、それらがうまく機能しているかぎり、同一であるようだと語っています。それらがうまく機能しなくなるや否や、それらが同一ではないことに私たちは気づくのです。音楽においても同じことです。

　ミルトン・バビットが、或る作品を好まない時、「僕には彼が何をしているんだか分からない」といつも言っていたことを思い出します。自ら拒む喜びもありますね。私としては、セザール・フランクの音楽を理解すべく努力しようとは思いません。私はそれを脈絡のないものと見なす方を選んでしまう。フランクの音楽に喜びを見出し、フランク自身がそう理解したに違いないようにそれを理解することを妨げる判断の放棄を私は退けます。その代わり、幾つかの脈絡のなさ、たとえばシューマンのそれは私の気に入り、私はそれを論理的に正当化できます。シェーンベルクの無調音楽が好きなのと同じくらい、私はフランクの乱れた調性音楽、調的中心を持たずに、虚空を半音階的にもたつくその進行には同意しません。おそらく彼が聖クロティルド教会のオルガン奏者だったせいでもあるのでしょうが…　私は宗教色のない音楽概念を持っています。ヴェルディを除いて、十九世紀後半の宗教音楽は好みません。リストが生涯の終わりに作曲した宗教音楽は私には耐え難いし、ブラームスの《レクイエム》はそれほど嫌いではありませんが、彼の最良の作品ではありませんね。その代わり、フォーレの《レクイエム》には一定の敬意を抱いています。

　ともあれ、十九世紀以降、レクイエムはつねに他の宗教音楽以上に興味深い。作曲家に霊感を与えるには死しかないと思えるほどです。それは、ロマン派音楽について私が近頃書いたばかりの書物で長々と語っているテーマです。一章すべてをメンデルスゾーンと宗教的キッチュの創造に充てています。[13]

テマーソン　あなたは私たちの時代の宗教音楽もお好きではないと推測します。たとえば、メシアンの音楽についてどう考えますか？

ローゼン　まさに、彼の音楽には私をひどく苛立たせる〔宗教上〕保守的な側面があります。それでも、メシアンは確かに大変偉大な作曲家で、感受性の豊かな音楽家たちに称賛されています。変革者であり、展開によってではなく、音響グループの並置によって進んでいく新しい作曲形式を創造した人物です。ブーレーズはメシアンの音楽から大いに着想を得て、彼の技法を自分のものにしました。[14] その代わり、ブーレーズの音楽は好きです。彼がとても洗練され、興味深い、繊細な音響を創り出しているからで、一方、メシアンの音響はあまりにも単純です。メシアンがまったく新しい響きを創造する場合ですら、彼はすぐにそれを濫用するので、用いられる反復的なやり方によってそれは速やかに月並みなものになってしまいます。でも結局、すでに言ったように、私が最大の敬意を抱いている音楽家たちでも、メシアンの音楽を熱愛している人はいます。ですから、私が間違っていて、彼らがきっと正しいのだと思います。メシアンの作品に対して私がほとんど感激しないのは、多分性悪な意志の印なのでしょう。

　エジプト的なものは何ら好きではないが、私はそれで満足だ、と言ったのはゲーテです。すべてを無気力に愛する必要はない！……　趣味は議論されないと言いますが、実際、事実こそが議論されないのです。趣味の問題についてしか人々は論争しませんからね！

テマーソン　もっとも、メシアンはおそらく私たちの時代のただひとりの宗教的作曲家です。それについて何か説明されることは？

ローゼン　ベンジャミン・ブリテンの《戦争レクイエム》がありますね。つねに死だ。私が嫌いな作品です。

いや、私には説明することはありません。それに私は十分語ったと思います。それは容易に人々を傷つける、危険なテーマです。

演奏家の役割

Le rôle de l'interprète

テマーソン　ショパン、ブラームス、あるいは他の作曲家たちの作品の現代的な演奏法はあると考えますか？

ローゼン　もちろんあります。演奏解釈は変化します。私たちのショパン体験は現代音楽によって変わっていますし、私たちの演奏法はそれに大きく影響されています。グレン・グールドによるバッハの演奏解釈について言われていることは本当です。彼はストラヴィンスキーの音楽と新古典派様式すべてにとても影響を受けました。しかもそれは必ずしも自覚のある影響ではありません。けれども、それは避けがたいのです。私たちの演奏の仕方は私たちを取り巻いているもの、文化的な変化、そして生きることへの不安…　によってつねに影響されます。

テマーソン　いくつかの演奏解釈は時代遅れになっているのでしょうか？

ローゼン　たとえば、パデレフスキ[1]の、左手がつねに右手に先行する演奏法が時代遅れかどうかを言うのは困難ですね。たしかにそうしたことは一九二〇年代には行なわれていましたが、皆がそうしていたと言うのは間違いです。パデレフスキやハロルド・バウアー[2]のような数人のピアニストだけはそのように左手を先行させましたが、たとえばヨーゼフ・ホフマンはそうしなかった（あるいは稀にしかそうしなかった）し、二〇年代に大々的に演奏活動を繰り広げていたバックハウス[3]もそうしませんでした。けれども、モーツァルトが時々そうしたやり方で演奏していたのは確かです。ですから、「時代遅れの」や「現代的な」という用語を使うことはできません。いくつかの流行は戻ってきます。モーツァルトにおける「ルバート」はとても重要です。彼にとって、それは左手が右手よりも先に演奏することを意味していました。感動に捉えられた歌手と同様に、ひとつの旋律的音符を聞かせる前に躊躇する必要があったのです。それが原則です。数人のピアニストたちは、パデレフスキのように、幾分機械的にそうしました。他のピアニストたちは、完全にそれをあきらめました。

　メンゲルベルク[4]の様式、彼の表現力豊かにテンポを歪める傾向は時代遅れです。私たちの耳にとって、そうしたテンポ上の一貫性の欠如はひじょうに大袈裟に思われますが、一九三〇年代の大部分の聴衆にとってすでにそうだったのです。トスカニーニ[5]や彼の支持者たちはそのような指揮法に異議を唱えていました。ですからひとつの流儀をひとつの時代に厳格に当てはめることには用心する必要があります。

一八三〇年から一八四〇年代に活躍したロマン派のピアニストたちはきわめて自由に演奏していたという習慣がありましたね。しかし、諸々の証言によれば、それは本当であるとは限りません。或る人々はとても自由に演奏し、他の人々は逆に、テンポのあらゆる自由に反対していました。リストがベートーヴェンの作品一〇六のソナタを弾いた演奏会についてベルリオーズの書いた批評が残っています。ベルリオーズによれば、一つの音符も弾き損なわれず、一つのテンポも変えられていなかったということです。リストはですからその作品の挑戦に応じ、きわめて正確なリズムを守ってそれを演奏していたのです。逸話から、リストは状況次第で自由にもそうでなくても演奏できたということも分かっていますが。すべては、楽曲、機会、演奏者が追求する目標にかかっていたのです。リスト自身次のように説明しています。つまり、バッハを真正なやり方で演奏したい時には、几帳面に演奏し、自分のために演奏する時には、一層の想像力とリズムの変更を自分に許し、聴衆に向けての場合、彼自身そう言っているのですが、「山師として」演奏していた、と。

テマーソン　時が経ち、熟慮した後、いくつかの作品の演奏法を変更することはあるのですか？

ローゼン　私がつねに演奏してきて、その楽譜を暗譜している作品に取り組む際、時としてそれらの作品を再考し、自分の古い習慣を捨てなければなりません。私は現在、往々にして一層融通がきかなくなっています。私はベートーヴェンのソナタ《ハンマークラヴィーア》の第一楽章を「アレグロ・マエストーソ（荘厳なアレグロ）」や「アレグロ・ポンポーソ（華やかなアレグロ）」ではなく、「アレグロ」で演奏します。[6] 私は一層速く、とりわけ一層軽やかに演奏します。なぜなら、それは本当のアレグロで、エネルギーの表現だからです。とても偉大な作品だから、大袈裟に弾くべきだということにはなりません。大部分の古典派の作品のように、鍵盤のタッチの一定の軽やかさを以て、とはいえ柔軟に演奏し、とても表情に富む瞬間では、真にテンポを変えることなく幾分遅く演奏すべきです。

テマーソン　各々の様式の美学的な規範を一層意識していますか？

ローゼン　ええ、していますね。たとえば、十八世紀末の美学は、一曲のソナタの楽章全体の間、同じテンポを保つことを要求しています。目立ったリズム的断絶がないかぎり、ロマン派の作品と取り組む場合でも、その取り決めに従うのは同様に妥当です。

ハイドンについてよりもベートーヴェンについての方が一層の柔軟さが許されますが、ひとつの楽章の間で徹底してテンポを歪めるほどになってはいけない。一九二〇年代には、メンゲルベルクなど何人かのオーケストラ指揮者は、古典的な交響曲のアレグロ楽章で第二主題が現れる瞬間につねにテンポを落としたものでした。彼らは広く知られた伝統に従っていたのですが、そうした伝統はすべての音楽家たちに共有されていたわけではありません。それは時代の美学に逆らっていたし、そればかりかベートーヴェンが作品の統一性について抱いていた考えにも逆らうものでした。

本当のところ、テンポについての諸要求は各々の作曲家で異なります。シューベルトの場合ははるかに一層複雑です。ひとつのテンポをかすかに変えつつも単一のテンポだという印象を与える必要があるのです。かすかに異なるテンポ間の関係を統一する指標を確立しなければなりません。イ長調の遺作ソナタ〔Ｄ９５９〕において、ひじょうにダイナミックで、誇張することを避けながらも力強く演奏すべき提示部と同じテンポで展開部を演奏するのは、私の意見では、不可能です。提示部に反して、展開部はほとんど全体がピアニッシモで、ハ長調とロ長調の間の一種の揺れ動きと、それに続くハ短調とロ短調との間の揺れ動き以外、何も起こりません。音楽の精神を尊重し、揺れ動きや、宙づりにされた時間を喚起するためにかすかにテンポを遅くすべきです。

シューマンの音楽では、「ルバート」、あるいはフレーズの真ん中におけるテンポの変更は、ベートーヴェンの場合のように準備すべきではありません。それは不意を突き、非合理的な要素をもたらすはずのものなのです。それに反して、ショパンの作品において、「ルバート」はテンポに組み込まれ、全体を形作らなければなりません。それらは、同じ時代におけるリズムについての異なる考え方です。ショパンとシューマンは同じ年、一八一〇年に生まれ、七年違いで世を去りました(7)!

テマーソン　そうした異なる要求に配慮するよう生徒たちは教わるのですか?

ローゼン　現在、モーツァルトをショパンやシューマンと同じように演奏する傾向があります。モーツァルトの分節化《アーティキュレーション》(8)はベートーヴェンのそれよりも短く、ショパンのそれよりもはるかに一層短いのです。モーツァルトのひとつの分節化が一小節以上続くことは稀ですが、他方ショパンの分節化は十六、二十、三十小節あるいはそれ以上続くこともあります。モーツァルトはベートーヴェン以上に途切れがちで、ベートーヴェンはショパンよりも細かく分節化されています。音楽学校で、学生たちは、モーツァルトの作品を、まるでショパンの曲でもあるように、嘆かわしい「レガート」で演奏することを学びます。彼らはペダルを濫用さえしますが、ハイドン、モーツァルトやベートーヴェンの時代には、右のペダルのとても特殊な響きは、ペダル無しで獲得される幾分乾いた響きとコントラストをつけるために用いられていたのですし、当時の楽器を使っても、ハイドンが与えたペダルの指示はとてもぼんやりした響きを提供します。次のような逆説的なことが生じます。つまりハイドンの音楽でペダルを慎重に用いると、彼の音楽の真意に逆らうことになります。ペダルを用いて、堂々とした響きのパッセージともっと乾いていて特徴のないパッセージを交替させる場合、ペダルを「濫用」しなければならないのです。

テマーソン　そうした原則がうまく教えられていないことをあなたはどう説明しますか?

ローゼン　ピアニストたちが見境なく賛同し、すべての作品をそれで包み込んでしまう美しい響きの理想があるんです。それがバッハの作品であれ、モーツァルト、ベートーヴェン、シューマン、シェーンベルクやストラヴィンスキーの作品であれ…　ところが、いくつかの作品はそれほど美しくない響き、それほど歌うようなものではない「レガート」を要求します。或るパッセージは油のように流れることを望むと、モーツァルトが述べた際、彼の油の概念はショパンのそれと同じではなかった!　モーツァルトにおいて、連続性は、とても目立つ分節化を通じて作られるのです。ショパンの場合、特殊な効果を彼が発揮させる場合を除いて、連続性は可能なすべての分節化で重きをなしています。モーツァルトにおいては、分節化を明白にし、他方リズムはよどみないものでなければなりません。フレーズはその全体性の中で統一されているのに対して、響きの方は途切れ途切れになるわけです。ショパンにおいては、一般に、楽曲の端から端までよどみない響きを保持しなければなりません。

美しい響きが一様に適用されているのを耳にするのがしばしばですが、ＯＲＴＦ〔フランス・ラジオ・テレビ放送局〕で録音した際、逆の偏見の帰結を蒙ってしまったことがありました。その前日、私はシューマンの作品をそこで録音して、それはとても順調にいきました。シェーンベルクの作品の録音に取りかかり、試しに一ページ分演奏して、それを聴きました。ひどい！当惑して私は説明を求め、技術スタッフは、現代作品のために、もっとモダンで乾いた響きを得るため、マイクの位置を変えたと私に説明しました。私は彼に、自分はシェーンベルクの作品を、シューマンの作品のために獲得できたのと同じロマン派的な響きで録音したい、それはシェーンベルク自身も望んでいたことだろうから、と説明しました。技術スタッフはとても感じのよい人物で、私が望んだロマン派的な響きを取り戻してくれました。

テマーソン　演奏家の主要な役割は何だと、あなたは思いますか？

ローゼン　演奏家はひとつの作品のもっとも興味深い長所を明らかにすべきです。モンテーニュが言ったことを思い出しましょう。「差異はものをちがって見せるけれど、だからといって、類似がものを同じに見せるわけではない[9]」という言葉です。私の生徒のひとりが、ある日私に結構なお世辞を述べ、自分は私のやり方を理解した、つまり、私がある作品のもっとも奇妙で、もっとも急進的か個人的な要素を見つけだし、それをすぐに目立たせることに専念していると言いました。私は多分様々な手法の独創性を過度に強調するきらいがあるのでしょう。私はそれらを全体に統合することにも努めているのですが。私が残念に思うのは、音楽家たちがひとつの作品の風変りな側面に気をとめないことです。あいにく、音楽学校で、先生たちはしばしば諸々の作品を平板化し、それらの作品の特異性を明らかにする代わりに、伝統的な側面を強調しがちです。

　シューマンの《謝肉祭》を例に採ってみましょう。「パガニーニ」では、左手部分にシンコペーション・リズムが用いられていて、作曲家に従えば、「フォルティッシモ」で演奏されなければなりませんが、他方右手部分は拍子通りの強弱法により、「ピアノ」で演奏する必要があります。ところが、ピアニストの九十パーセントは、左手部分と同じ強さで右手部分を演奏しています。シューマンが要求した効果は得られていないわけです。彼はまさに聴き手を騙し、両方の手が、楽曲の本当のテンポを明らかにしつつ、一緒に「ピアニッシモ」で演奏する瞬間で、聴き手を驚かせようとしているのです[10]。とはいえ、結局、出版者たちやピアニストたちによるシューマンのスコアの改ざんは周知のことですが…

ベートーヴェンが名人芸を示していた「ピアノ・スービト（突然ピアノで）」を考えてみてください。段々強くなるクレッシェンドが突如和むのです。それは大変重要なリズム的効果で、とても演劇的で表情豊かでもあり得る、いわば負のアクセント（強調）なのです。私を困惑させるのは、ピアニストたちがそうした効果を正確にではあるけれど、表面的に、味気なく演奏してしまうことです。いくらか大袈裟にすべきです。つねに私が以前に言ったことに戻ってきますね。つまり、良い音楽演奏は様々な技法の意味と表現性を伝え、それらを聴こえるもの、理解できるものにすべきだということです。そのように、演奏は一種の分析に似ているかもしれません。

テマーソン　特異な技法について、他の例を挙げてくださいますか?

ローゼン　四十二歳から四十七歳にかけて、ベートーヴェンは作曲するのに困難を覚えました。この時期、彼は二曲のチェロ・ソナタ、二曲のピアノ・ソナタ、ひとつの序曲、ひとつの歌曲集、そしてひとつの弦楽四重奏曲しか遺していません。他の作曲家にとって、それはたくさんですが、その時期以前、毎年四つか五つの重要な作品を書いてきたベートーヴェンとしては、わずかです。この時期の間、彼は、ロマン派形式、あるいは循環形式――最初の楽章の主題が楽曲の真ん中あるいは最後に再現する形態――と呼ぶのがふさわしいものを創り出します。それはピアノ・ソナタ作品一〇一、およびチェロとピアノのためのソナタ作品一〇二の一の場合で、最初の楽章の主題が、不意に、最後の楽章の前で戻ってきます。けれども二つの楽曲はさらにもう一つ別の特徴を共有しています。ソナタの古典的な形式、十八世紀のすべての楽曲を支配している形式では、主音から始まり、属音に移ります。作品一〇一のソナタで、ベートーヴェンはソナタを、イ長調の調性を確立する代わりに、主音から属音への変換〔主調から属調への転調〕の真っただ中で開始します。作品一〇二の一のチェロ・ソナタ、ハ長調で、ベートーヴェンは同じ手法を援用していますが、やり方はもっと繊細です。チェロが独奏で開始する旋律は、ソナタの冒頭より少し前に始まったように思われるのです。ですからチェロ奏者は過度に毅然としてその旋律を演奏しないようにすべきです。もし調性、あるいはひとつの主題が確立されるように思われたら、すべては台無しです。それは、あたかも過去のアリアが思い出されているかのように、瞑想的に演奏されるべきでしょう。もし奏者があまりにもゆっくりと、あまりにも表情豊かに演奏すると、はっきり決められた冒頭の表明のように、大袈裟になってしまいます。テンポは「アンダンテ」で、短い六拍ではなく、長い二拍で演奏すべきです。私が耳にしてきた演奏は、しばしばソナタのこの側面を十分評価していません。それを分析することは必要ではなく、それを感じるか、あるいは他のソナタの冒頭とこの楽曲の冒頭とを比べるだけで十分なのです。後者の曖昧でぼんやりした側面に気づかないわけにはいきません。その特質は無駄にせず、現れるようにすべきです。

テマーソン　ベートーヴェンはあなたがもっとも親近感を抱いている作曲家のひとりだという印象を私は持ちます。私の考えは正しいのでしょうか？　あなたが好きな作曲家は誰なのでしょう？

ローゼン　一般に、そう質問される際、演奏会では、ベートーヴェンと同じくらいショパン、モーツァルト、あるいはバッハを弾くことに喜びを覚えると私は答えます。けれども、練習する際、私にもっとも多くの喜びをもたらすのはベートーヴェンです。たとえば、左手や伴奏部分はモーツァルトにおいてよりベートーヴェンにおいての方が一層興味深く、他方で二人の作曲家は、伴奏部分だけを練習する必要がない場合には両者とも同じくらい面白いですね。

実際、私の好みは変わります。私にはただ一人の作曲家の作品に没頭する傾向があります。

シューマン時代、ショパン時代、ドビュッシー時代…というわけです。《フーガの技法》と《ゴルトベルク変奏曲》を録音していた時は、バッハに夢中でした。ベートーヴェンの晩年の作品のディスクを準備していた時には、ベートーヴェンが私のお気に入りの作曲家になりました。次に、ショパンのマズルカやバラードを録音した時期には、ショパンにほれ込みました。
私はただひとりの作曲家を扱った演奏会を催すのが好きですが、いつも可能だとは限りません。すべての聴衆の気に入るわけではありませんから…

テマーソン　演奏会で、様々な作曲家が要求することに対処するのは難しいのでしょうか？

ローゼン　ええ、そしてそこでもまた、もう一度、音楽的意味と身体的努力との間に存在するとても緊密な関係に触れることになります。ひとりの特定の作曲家の作品に専心する場合、そして、一挙に、別の時代の或る作曲家の楽曲を演奏し始める場合、そうした関係をひじょうに意識することになります。たんにペダルを違うように用いなければならないばかりか、打鍵のタッチ、フレージング、すべてのアクセント付けを変えなければならないのです。ベートーヴェンをたくさん弾いていた時期、私にはドビュッシーを演奏するのは困難でした。ピアノに対する身体的なアプローチが違うのです。手を違うように置き、まったく違う技法を繰り広げなければならない…

モーツァルト、ドビュッシー、あるいはシェーンベルク（ブラームスの血筋を引いています）を演奏する場合ですら、古典派的・ロマン派的様式を維持し、フレーズをまろやかにし、優雅な曲線を実現すべきです。ストラヴィンスキー、ブーレーズ、あるいはカーターを演奏する場合は、まろやかにすることや、フレーズの新たな意味をもはや意味を持たない演奏様式に帰してしまうことはまさに避けなければなりません。

テマーソン　現代の作品を演奏する際、あなたはいっそう大きな自由を感じますか？

ローゼン　もちろん伝統に縛られる度合いは少なくなります。時の移ろいは様々な制約をもたらします。シューマンやショパンを演奏する場合、自分自身の内なる声、自分自身の演奏解釈を聞いてもらうために奮闘しなければなりません。聴衆は喜びを味わうのを予期しています。聴衆がシューマンやショパンの独創性を知覚するために、幾分聴衆をまさに手荒に扱うべきなのです。彼らの期待を裏切り、それはもっと劇的で、もっと見事だけれど、おそらく彼らが考えているより快くはないということを示さなければならない。

現代作品については、演奏家自身がひとつの伝統を作り上げることになります。つまりそれらの作品を納得のいくものにし、聴衆に思いがけない喜びを発見させる必要があります。とはいえ、時として、未だ存命中で、したがって自作の演奏を聴く可能性のある作曲家の意図に縛られることもあります。

テマーソン　でも、作曲家は必ずしも自分の意図を確信しているわけではない、とあなたは言いましたが…

ローゼン　作曲家もまた判断に必要な時間的隔たりを必要とします。それでも作曲家の反応に耳を傾けるのは興味深いし、それは有益ですらあります。というのも、真新しい作品にははっきりしていない側面があるからです。でも奇妙なことに、全体に対して反応する代わりに、作曲家はしばしば、取るに足らないと思われる細部、そう望んだように演奏するのを決して耳にしたことのない些細なパッセージにこだわりますね。

テマーソン　今現在、あなたがとりわけ再度演奏したい、あるいは初めて演奏したい作品はありますか？

ローゼン　私は未だかつて演奏したためしのない、モーツァルトのピアノ協奏曲ニ長調K537〔通称『戴冠式』〕を演奏したかったですね。これまで、私はその作品をいくぶん軽視していました。ティンパニとすべての管楽器無しで済ませれば、もっと親密に取り組めるということを私は理解していなかったのです[11]。

違った風に考えるようになっているので再び演奏したい作品もあります。今、私が《ディアベッリ変奏曲》を弾く時、主題がベートーヴェンのものではないということを、そしてベートーヴェンの作品の本当の冒頭は第一変奏なのだということをはっきり示すために、主題のあとにとても長い休止を置きます。なぜなら、主題は平凡なのですが、他方ベートーヴェンの変奏の数々は、主題を揶揄している諧謔に富んだ側面を含め、見事ですから。

或る作品の新たな側面を発見し、自分の演奏解釈を変えることは、私にしばしば起こります。ベートーヴェンのソナタ作品一一〇ハ短調の最初のページを二倍ゆっくりと、つまり、「マエストーソ」をそれに続く「アレグロ」よりも四倍ゆっくりと弾くことによって、私は長い間伝統に従ってきました。でも、このマエストーソは、大半の序奏部同様、アレグロより二倍だけしかゆっくり演奏すべきではないのです。というのも、マエストーソ部分は三十二分音符のトリルで終わるのですが、そのトリルはアレグロの冒頭で十六分音符のトリルに変わるからです。

テマーソン　その間違ったテンポが伝統に根を下ろしたことをあなたはどのように説明しますか？

ローゼン　それは堂々とした悲劇的なソナタで、そうした極端にゆっくりした始まりがそうした雰囲気を与えるはずだからでしょう。私は新たに録音する予定ですが、そこでは正しく演奏するでしょうし、そして多分激しく批判されるでしょう！

テマーソン　あなたにとって、録音と演奏会との間にはどのような違いがあるのでしょうか？

ローゼン　大きな違い、それは舞台負けすることです。もっとも偉大な音楽家たちでさえ、舞台負けします。私はルービンシュタインの手が或るリサイタルの最初に震えているのを見ましたし、あらゆる時代を通じた最も偉大な女性歌手のひとり、ローザ・ポンセル[12]は舞台に登場するのがとても怖かったので、前に進ませるために彼女を押さ出さなければならなかったと言われています。演奏会の初めにはつねに舞台負けしますが、それは克服できるのです。アマチュアとプロを区別するのはまさにそれです。両者とも舞台負けはしますが、アマチュアはそれを見せ、プロは隠すのです。私の先生だったモーリッツ・ローゼンタールは次のように言ったものです。芸術家の生涯の中で、それは唯一の照明された〔晴れやかな〕瞬間なんだ！　と。ドイツ語でこの冗談はもっと愉快です。「舞台負け〔フランス語：trac〕」に対するドイツ語は「Lampenfieber〔Fieberは「熱」の意〕」で、「Lampen〔ランプLampeの複数〕」はフットライトの明かりを意味するからです。

音楽家たちほぼすべての演奏は、演奏会が進行するうちに、彼らが舞台負けから解放されるに応じて改善されていきます。唯一の驚くべき例外はハイフェッツ[13]でした。彼はシャイヨー宮で催したリサイタルをシュトラウスのソナタ[14]で始め、それが呈する抑揚上の大変な困難さにもかかわらず、神のように演奏するのを聞きました！

録音の際には、逆の不幸の餌食になります。まったく落ち着き、自信をもって始めます。そして演奏し、自分の演奏に耳を傾け、結果にあまり満足せず、再度演奏する。そして不幸なことに、同じ個所で同じミスを犯してしまうのです！　だんだん不安に捉えられてくる……

とはいえ、私は違うようには演奏しません。多分私は変わり者なのでしょう。私が知っているピアニスト、ジュリアス・カッチェン[15]は、舞台に上がると、会場の中で好意的な表情の人物を探し、すべての演目をその人のために演奏するんだと主張していました。私の場合、そうではありません。うぬぼれていると思われるかもしれませんが、音楽家は聴衆のために演奏するのでも、拍手喝采のために演奏するのでもなく、音楽のために演奏するのだと思います。最善を尽くして演奏し、それが聴衆の気に入れば大変幸せだということですね。

演奏家は表情豊かに演奏すべきですが、演奏家が音楽によって「自己を表現する」と言うのは間違いでしょう。演奏家は自分の演奏によってひとつの対象〔オブジェ・客体〕を創り出します。演奏会の場合は束の間の対象であり、ディスクが問題なら、より耐久性のある対象です。その対象は演奏家の個性や考え方によって特徴づけられていますが、そこに演奏家の秘められた考えや、人生の出来事を読み取ることはできません。

テマーソン　あなたの著書『古典派音楽の様式』の中で、あなたは「表現（expression）という語は精神を曇らせがちだ[16]」と述べています。

ローゼン　ええ、音楽は独立した創作物で、それは作曲家の体験も、演奏者の体験も表現しません。

唯一の相違は、演奏会では、ディスクのためよりももっと極端な演奏、一度聞いてもらうには良いけれど、何度も繰り返すのは面白くない演奏を思い切ってできることです。録音の場合、ですから、とてもラディカル、奇抜で、意外な、あるいは少なくとも凝り過ぎたテイクは除く傾向があります。多分間違っているかも…　私は初期の録音ではそうした方針を尊重しましたが、現在では、むしろラディカルなアイデアをディスクに盛り込みたくなっています。

リサイタルの喜び、それはひとつのチャンスを持つこと、それをつかまえるべきだということです。ディスクを制作することは、やること、やり直すことで、仕事なのです。もっとも、望まれた結果を多少とも完全に獲得する喜びで報われますが。

テマーソン　演奏会で演奏する際、あなたはつねに聴衆の存在を意識していますか？

ローゼン　自分の能力をもっともよく発揮して演奏する場合、聴衆の存在は忘れます。ディスクに録音する場合、それを買う人たちのことも、スタジオのガラス窓の背後にいる録音技師のことも考えません。高く評価され、受け入れられ、愛されすらするものを創ろうと望みはしますが、大聴衆のためにも、批評家たちのためにも、通人たちのためにも演奏しません。それでも、多分通人たちのためかな…

テマーソン　ディスクはいくぶん偽りの完璧さを実現するのを可能にしはしませんか？

ローゼン　下手な演奏家で良いディスクは作れません。音の誤りを直すことはできます。それだけです。あまりにも沢山直すと、録音はリズム的な統一性をすべて失ってしまいます。或るディスクを聴いて、つなぎ目を耳にしたことがあります。まさにどの音で接合が行なわれたのかは言えませんが、テンポと響きの明らかな変化はこの小節とこの小節との間で接合されたことをはっきり示します。とても良い音楽家たちはそれを切り抜けます。彼らの接合部は聴き取れません。

ルドルフ・ゼルキンは《ディアベッリ変奏曲》のディスクのため、いくつかの録音セッションをニューヨークで、他のセッションはロサンジェルスで行なったとコロンビア・レコードの人から聞きました。でもディスク自体は見事です。

テマーソン 他の音楽家たちと一緒に演奏する際、分析はあなたにとって役に立ちますか?

ローゼン いいえ、特別役には立ちません。他の音楽家たちと一緒に演奏する場合、特に、二つの演奏スタイルの間に均衡を見出し、個性の融和に到達すべきです。オーケストラとともに演奏する際には、独奏者の演奏に大きく影響する既存の枠組みに順応する必要があります。けれども、分析に頼ることなく、本能的に反応しますね。

テマーソン　オーケストラ指揮者と演奏解釈について対立したことはありますか？

ローゼン　ええ、ありますが、その場合、対立が明白であることは稀です。折り合いをつけるよう試みます。時として、自分の絶望感を押さえるために多くの機転が必要となる状況はあります…　自分の意志を強要することも喧嘩をすることもできない。ひどい演奏になってしまうのは確実でしょうから。強く言い張らない方がましです…　モーツァルトの協奏曲を演奏していた時、ヴァイオリンのフレージングを私のフレージングに合わせて欲しいと指揮者に頼んだことがありました。フレージングが問題ではなく、運弓〔ボーイング〕の指示が問題なのだと彼は答えました。なぜそれらの「運弓の指示」がピアノ譜に記載されているのかと私は彼に訊ねました。実際、彼に私の意見を説明しようとしたのが間違いでした。彼は私が何について話しているか理解していなかったのですから。

テマーソン　ブーレーズとの『ヴェーベルン全集』の録音セッション[17]はどのように行なわれたのですか？

ローゼン　当初、ブーレーズはすべての録音セッションに立ち会いました。私がルコムシュカの伴奏を務めた《三つの歌曲》〔作品二十三と二十五〕の録音〔一九七〇年九月五日、ロンドンのＥＭＩのスタジオで行なわれた〕には居合わせていました。その後、彼は私をある程度信頼してくれ、アイザック・スターンやヘザー・ハーパーとは私だけで仕事をさせてくれました。ピアチゴルスキーと録音したチェロのための小品に関しては、ブーレーズ抜きで録音されました。さらに、ピアティゴルスキーとのセッションでは、プロデューサーが約束をすっぽかしたので、私はたったひとりでテープを編集しなければなりませんでした。そんなことは私には未だかつて起こったことがなく、その後ももはや繰り返されなかったけれど…

テマーソン　ドイツやヴィーンの作曲家について私たちは大いに語ってきました。あなたの好きなフランスの作曲家は誰なのでしょう？

ローゼン　フランスの作曲家たちはしばしばいくらか二義的な位置を占めていますが、主要な例外は、ドビュッシーで、二十世紀の世界的な大作曲家です。私は彼の《練習曲集》の世界初録音[18]をしましたし、もっと後になって、《版画》、《映像》やその他の作品も録音しました。[19]ベルリオーズにも大いに関心がありますが、彼にはショパンの技法的習熟が欠けていました。ショパンはバッハの音楽にとても精通していましたが、ベルリオーズは、まさに、その音楽を退屈だと思っていました。《キリストの幼時》や《ロメオとジュリエット》のような、彼の作品のいくつかには、素晴らしい瞬間がありますが、生気のない瞬間もありますね。それでもなお、ベルリオーズはいくつかの非常に重要な傑作を遺しました。

テマーソン　「二義的な位置」という表現をどのような意味であなたは用いているのですか？

ローゼン　私が言いたいのは、世界のほとんどすべての国で、一般人の多くは、イタリア・オペラであれ、十八世紀のドイツやヴィーンの音楽であれ、主要な伝統を自分たちのものとし、その伝統はロマン派の作曲家たちとともに続いていくわけですが、それらの作曲家の大多数はドイツ人です。たしかにリストやショパンはドイツ人あるいはポーランド人であるのと同じくらいフランス人です。ピカソは同じ特徴を示しています。そしてショパンはもちろん二義的な作曲家ではありません！　したがって、フランスは主導的な役割を果たしていると言えるかもしれません。けれども、十九世紀において、ドイツ的伝統が、交響楽に関してそのステイタスを保持し、他方、オペラ作品については、主要な伝統がイタリアのものだったことは否定できません。そうした観点においてだけ、フランスは二義的な位置を占めています。たとえば、ラヴェルは私がひじょうに称賛する作曲家ですし、同様に、フォーレの晩年の作品に対して、私は深い感嘆の念を覚えます。最後の弦楽四重奏曲、チェロとピアノのためのト短調のソナタなど… けれどもフランス以外の国々で、ラヴェルもフォーレも、バッハやベートーヴェンとは言わないまでも、シューベルトやシューマンと同じ資格で認知されていません。大きな例外は、ドビュッシーと、根はとてもフランス的な作曲家で、私たちの〔二十〕世紀におけるドビュッシー以後の最も偉大な人物ストラヴィンスキーです。結局、おそらくシェーンベルクほど偉大ではないかもしれないけれど、ストラヴィンスキーの音楽はたしかにもっと楽しいし、もっと興味深いと言えるでしょう。

　こうした発言は私がしぶしぶ述べているものです。創造家たちの威光を推し測るのはそれほど好きではありません。私が先に述べた基準に従えば。第一級の重要性を持たない作品で、ベートーヴェンの第五交響曲に対してよりも多くの情熱と強い興味を抱いている作品もあります。

　フランスの偉大な伝統は十五世紀と十六世紀に遡ります。それはフランドルの伝統と切り離せません。ピエール・ド・ラ＝リュー[20]は、ジョスカン・デ・プレ[21]と同じくらい重要な作曲家です。ひとつの伝統全体が再発見されつつあります。ジャヌカン[22]、リュリ[23]（たしかにイタリア人ですが、ピカソとまったく同じくらいフランス人です！）、シャルパンティエ[24]… たとえば、メユール[25]が現在、フランスにおいてさえ、きわめてわずかしか評価されていないのは残念です。彼の初期の作品はひじょうに独創的です。もっとも、上演される彼の唯一のオペラ《ジョゼフ》はたしかにとても退屈です。彼の傑作は《アリオダンテ》ですが、不幸なことに、未だ耳にする機会は全然ありません。

テマーソン　私たちがほとんど話題にしなかったヴィーンの大作曲家にマーラーがいます。

ローゼン　彼の評判は変わりました。私が若い頃、彼の音楽——私は大好きですが——はほとんど評価されていませんでした。それは極端で、度を超していると思われていました。彼は自分の音楽の人気を名指揮者ブームに負っています。彼の音楽は指揮者の才能を際立たせ、何人かの指揮者——私はつねに彼らを幾分警戒してきたのですが——は、自分のキャリアをマーラーに負っています。

マーラーの音楽のもっとも驚嘆すべき瞬間では、ひたすら低音と高音だけで形成された響きがいささか中空状態になり、ちょっとしたヒステリー、一種の絶望を表します。それは少々気詰まりで、マーラー自身それを意識していました。彼は自分の交響曲の重要なところを手直ししていました。マーラーがフロイトに会いに行った時、彼はフロイトに、幼い頃の或る日、両親が喧嘩していたことを物語りました。彼は通りに駆け出して行き、そこで手回しオルガンの演奏する幾分通俗的な民謡（「ああ、愛しのアウグスティン」）を耳にしました。彼はその忘れがたい出来事に、いくらかの卑俗さを自分の音楽のもっとも驚嘆すべき瞬間に付け加える傾向を帰していました。けれども、興味深いのは、その陳腐で皮肉っぽい要素が彼の作品の大袈裟な側面を相殺していることです。

テマーソン　電子音楽についてはどう考えますか？

ローゼン　現在、作品の演奏を永久に固定することを目的とした二つの平行した動きがあるとしても、それはおそらく偶然の一致ではないでしょう。一方で、起源にこだわる音楽学は過去の音楽の厳格な演奏を強制するのにやっきとなり、他方で、電子音楽は固定した作品を生み出しています。そうしたことはとても興味深い新機軸ではあるけれど、邪道です。聴き手のために演奏家を消滅させることによって、それらは音楽の機能を歪めます。音楽はつねに、まず第一に、公衆よりもむしろ演奏者たちを喜ばせるために書かれてきました。今まで、公衆は音楽の発展史でわずかな役割を演じてきたにすぎません。現在、もっとも成功している電子音楽作品は、ミルトン・バビットの《フィロメル》のように、舞台上の音楽家と録音された電子テープを組み合わせているものです。混合は面白いのですが、純粋なエレクトロニクスははるかに面白くありません。それに、公衆は誰かが制御装置を操作するのを見に演奏会場へ行きたいと思うでしょうか？

テマーソン　音楽は次第にエレクトロニクスの方に向かって進展していくとあなたは考えますか？

ローゼン　ええ、思います！　経済的な理由からです。人手を厄介払いするんだ…　でもその場合、音楽はもはやそれが現在までそうであったものではないでしょう。それは新しい音楽で、私たちが知っているそれとは何の関係もない。私たちの音楽は、それを演奏することに身体的な喜びを感じる音楽家たちが存在する限り存続するでしょう。

訳注

緒言

（1） Charles Rosen, *Critical Entertainments : Music Old and New*, Cambridge, MA, Harvard University Press, 2001. 書籍紹介などを見る限り、評論を集めた書物なので、ここでは意訳だが『音楽評論集』としておいた。

（2） ハープシコードとピアノのための《二重協奏曲》（ふたつの室内オーケストラが付く）は一九五一年に完成した作品で、初演の際、ラルフ・カークパトリックがハープシコード、チャールズ・ローゼンがピアノを担当した。

（3） Israel Rosenfield（一九三九〜）アメリカ合衆国の自然科学者（神経科学などが専門）。テマーソンの伴侶。

音楽分析

（1） 原著ではここだけ注がついていて、一九九三年の初版（Paris, Éd. Eshel, 1993）当時だと指摘されている。ここで挙げられている四冊は、当時フランス語訳のあったもの。

（2）Moriz Rosenthal（一八六二〜一九四六）ポーランド出身のピアニスト・作曲家。

（3）Hedwig Kanner（一八八二〜一九五九）ハンガリー出身のピアニスト・教育者。

（4）Teodor Leszetycki（Theodor Leschetizky）（一八三〇〜一九一五）ポーランド出身、ヴィーンで活躍したピアノ教育者・作曲家。

（5）Artur Schnabel（一八八二〜一九五一）オーストリア出身、ユダヤ系アメリカ合衆国のピアニスト。

（6）Karl Weigl（一八八一〜一九四九）オーストリア後期ロマン主義の作曲家。ユダヤ系だったため、一九三八年アメリカ合衆国に亡命。晩年はかなり不遇だった。

（7）Oliver Strunk（一九〇一〜一九八〇）アメリカ合衆国の音楽学者。音楽史の資料集で有名。

（8）Milton Babbit（一九一六〜二〇一一）アメリカ合衆国の作曲家・音楽理論家・数学者。一九四二年プリンストン大学で音楽修士、四三年から四五年には同大学数学学部に所属、四八年から音楽学部で教えた。

（9）Bohuslav Martinů（一八九〇〜一九五九）チェコの作曲家。一九二三年以降十七年間パリで暮らしたが、ナチのブラックリストに載り、四〇年にパリを離れ、四一年アメリカ合衆国へ。大戦後プラハに戻ることも考えたが叶わず、四八年から三年間プリンストン大学で作曲を教えた。英語は苦手だったようだが。五九年スイスで逝去。

（10）Ira Weid（一八九六〜一九八三）アメリカ合衆国の仏文学・思想学者。

（11）Gilbert Chinard（一八八一〜一九七二）フランスの文学史学者。一九〇八年アメリカ合衆国に移住し、各地の大学で文学の教授職を務め、フランスとアメリカの学術交流に貢献。一九三七年から五〇年にかけてプリンストン大学で教えている。

（12） Frida Leider（一八九八～一九七五）ドイツの伝説的なドラマティック・ソプラノ。ローゼンの言うように、一九三三～三四年のシーズンにメトロポリタン歌劇場で五作のヴァーグナーものを歌っている。

（13） Josef Hofmann（一八七六～一九五七）ポーランド出身、アメリカ合衆国のピアニスト・教育者。

（14） cf. Charles Rosen, *Classical Style* (first edition : 1971, revised edition : 1976, new edition : 1997, 2005), London, Faber & Faber, 2005, p. 513-515.〔チャールズ・ローゼン『古典派音楽の様式――ハイドン、モーツァルト、ベートーヴェン』大久保賢・中村真訳、音楽の友社、二〇二一年、六二九～六三一頁〕

（15） Roger Sessions（一八八六～一九八五）アメリカ合衆国の作曲家・評論家・教育者。

（16） Lewis Lockwood（一九三〇～）アメリカ合衆国の音楽学者。イタリアルネッサンス音楽とベートーヴェン研究で著名。

（17） このソナタについては、『古典派音楽の様式』でより詳しく、譜例つきで説明されているので、興味のある読者は参照されたい。cf. Charles Rosen, *op. cit.*, p. 407-434.〔五〇六～五三九頁〕

（18） ローゼンが語っているのは、第三十一小節末尾～第三十二小節の部分だろう。cf. Elliott Carter, *Night Fantasies for Piano* (1980), (1995 Edition), New York, Associated Music Publishers, p. 3.

（19） Vladimir Horowitz（一九〇三～一九八九）ウクライナ（ロシア帝国）出身、ユダヤ系アメリカ合衆国のピアニスト。

（20） Rudolf Serkin（一九〇三～一九九一）ボヘミア出身、ユダヤ系のピアニスト。後年はアメリカ合衆国で活動。

（21）Robert Casadesus（一八九九～一九七二）フランスのピアニスト。

（22）Solomon (Solomon Cutner)（一九〇二～一九八八）イギリスのピアニスト。

（23）Sviatoslav Richter（一九一五～一九九七）ソ連・ロシアのピアニスト。

（24）一九六〇年録音のディスク（Epic LC 3709/BC1090）にショパンのノクターンも三曲（op. 27, no. 2, op. 15, no. 2, op. 62, no. 2）収録されている。

（25）James Hunecker（一八五七～一九二一）著書に *Chopin : The Man and His Music* (1900) などがあるが、経歴から推測するに専門的知識はなかったのだろう。

（26）一九八〇～八一学年度に行なわれた。

（27）チャールズ・エリオット・ノートン・レクチャーズに基づいたローゼンの主要著作のひとつ：Charles Rosen, *The Romantic Generation* (Cambridge, Harvard University Press, 1995) では、十二章のうち三章（五～七章）でショパンの諸作品が扱われている。本書の初版年である一九九三年から考えると、レクチャーに基づいた著作の英語初版、フランス語訳版はまだ出版されていない（仏語訳：*La Génération romantique*, Paris, Gallimard, 2002）。

（28）rubato：ひとつの楽句中のテンポを加減して演奏すること。

音楽分析の成果

（1）この終楽章は、Adagio ma non troppo（変ロ短調）の序奏で始まり、「嘆きの歌（Klagende Gesang)」Arioso dolente（変イ短調）を経て、第二十七小節から三声のフーガ Fuga Allegro ma non troppo（変イ長調）となる。次いで第一一四小節でアリオーソ（アダージョ）のテンポになり、第一一六小節から「嘆きの歌」がト短調で再び現れる（Ermattet, klagend Perdendo le forze, dolente)。第二のフーガ（ト長調）は転回形によるもので、次第に活気を取り戻していく（L'istesso tempo della Fuga poi a poi dimuovo vivente)。若干テンポを落とした部分（Meno Allegro）を経て、変イ長調に戻り、フーガは堂々と力強く終止。なおベートーヴェンの晩年のピアノソナタ諸作品については『古典派音楽の様式』（初版一九七一年、最新版二〇〇五年）でも詳述されている。cf. *The Classical Style*, p. 449–512, 作品一一〇についてはとりわけ p. 488–509.〔五五六～六二六頁、五九八～六二二頁〕

（2）Gérard de Nerval（一八〇八～一八五五）フランスのロマン主義詩人・作家。

（3）Friedlich Hölderlin（一七七〇～一八四三）ドイツの詩人・哲学者。

（4）Charles Lamb（一七七五～一八三四）イギリスの随筆家・作家。

（5）《Liederkreis（リーダークライス・歌曲集）》作品二十四の全九曲中第三曲目に該当するこの歌曲（四つの詩節からなる基本的にはいわゆるリート形式：AABA で書かれた作品）については、『ロマン派の世代』で歌詞（英訳）と楽譜付きで詳細に分析されている。cf. *The Romantic Gereration* (pub. 1995), p. 649–655.

（6）このソナタの第一楽章「Das Lebewohl (Les Adieux)（さようなら）」の序奏アダージョの Lebewohl の動機は、続くアレグロの第一主題にも第二主題にも組み込まれている。ローゼンの指摘するホルンの響きは、「表情豊かに」奏されるこの「さようなら」の動機。

（7）Ernst Theodor Amadeus Hoffmann（一七七六～一八二二）ドイツの作家・評論家・作曲家。幻想文学、音楽評論で名高い。

（8）「下中音（サブメディアント）」とは、長・短音階の第六度音のことで、主音と下属音との中間（下方三度）に位置するのでそう呼ばれる。この第二幕第十一場のドン・ジョヴァンニとレポレッロの二重唱はホ長調（嬰記号四つ）で展開するが、騎士長が頷いた様子をレポレッロが真似る部分（Colla marmorea testa ei fa cosi, cosi）の直後から、本来嬰ハ音であるホ長調の下中音の嬰記号が本位記号に変わる…　騎士長が、「よし（Si）」と唯一言葉を発した後、ドン・ジョヴァンニの「実際奇妙な光景だが、老人はやって来るだろう…」の部分でも本位記号が残っているが、その後は嬰記号付きに戻る。なお、この部分については、ホフマンからの引用を含め、『古典派音楽の様式』でも詳述されている。cf. *The Classical Style*, *op. cit.*, p. 309-312 (Edition 2005).〔三九一～三九五頁〕

（9）cf. *The Classical Style*, *op. cit.*, p. 23-29.〔三九～四六頁〕

（10）Noam Chomsky（一九二八～）アメリカ合衆国の哲学者・言語学者。

（11）François-René Chateaubriand（一七六八～一八四八）フランスの作家・政治家・歴史家。『アタラ』（一八〇一年刊）や『墓の彼方からの回想』（没後刊）にナイアガラの言及があるようだ。

（12）Charles Rosen, *Arnold Schoenberg*, New York, Viking, 1975.（仏語訳：Paris, Minuit, 1979）〔チャールズ・ローゼン『シェーンベルク』武田明倫訳、岩波現代選書、一九八四年、二頁〕本書での引用は武田訳に従った。

（13）Novalis (Georg Philipp Friedrich von Hardenberg)（一七七二～一八〇一）ドイツ・ロマン主義の詩人・小説家・思想家。

（14）Edward Morgan Forster（一八七九～一九七〇）イギリスの小説家。主要作品に『ハワーズ・エンド』(映画化もされている)など。

(15) William Trilling(一九〇五〜一九七五)アメリカ合衆国の批評家。

(16) マーガレットは『ファウスト』第一部のグレートヒェンの名マルガレーテ、ヘレンは同第二部のギリシャ神話の美女ヘレナ(ギリシャ語ではヘレネー)、ヘンリーはファウストの名ハインリヒ(『ファウスト』第一部「マルテの庭」でマルガレーテはファウストにハインリヒと呼びかけている)。

(17) Wallace Stevens(一八七九〜一九五五)アメリカ合衆国、モダニズムの詩人。

(18) Richard Blackmur(一九〇四〜一九六五)アメリカ合衆国の文芸評論家・詩人。

(19) Henry James(一八四三〜一九一六)アメリカ合衆国出身、イギリスで活躍した作家。なお『ねじの回転』は英国の作曲家ベンジャミン・ブリテンによって一九五四年にオペラ化されてもいる。

(20) Edmund Wilson(一八九五〜一八七二)アメリカ合衆国の作家・文芸評論家。

(21) Maynard Solomon(一九三〇〜二〇二〇)アメリカ合衆国の音楽プロデューサー・伝記作家。

(22) Maynard Solomon, *Beethoven*, 1/1971, 2/2001.〔メイナード・ソロモン『ベートーヴェン』徳丸吉彦・勝村仁子訳、岩波書店、上巻一九九二年、下巻一九九三年〕

(23) Manfred Fritz Bukofzer(一九一〇〜一九五五)ドイツ出身、アメリカ合衆国の音楽学者・人文学者。古楽、バロック音楽の研究で著名だった。三三年ドイツを去り、スイスを経て三九年米合衆国に移住、市民権を取得。五五年に夭折した経歴や当時の研究状況からして、ドイツに偏り、オペラ(イタリア)への考慮に不足している点を批判されても致し方ない面もあるだろう。

(24) ゲーテの長編小説 *Die Wahlverwandtschaften* (1809) の題名ともなっている概念。フランス語では les Affinités électives

様式

（1）「十八世紀の新古典主義（ネオクラシシズム）」と断っているが、一般にはそれを「古典主義」と呼び、「新古典主義」は後出の二十世紀のそれを指すのが普通。ローゼンの主著のひとつ *The Classical Style* は十八世紀の（新）古典主義を対象としている。

（2）Henri Zerner（一九三九〜）フランスの美術史家。アメリカ合衆国で活動。*Romantism and Realism*（ロマン主義と写実主義）（1984）はローゼンとの共著。またローゼンの *The Romantic Revolution*（1995）はゼルネールに捧げられている。ハーヴァード大学の芸術史の教授（一九七三〜二〇一五）も務めたゼルネールの本来の研究領域は十六世紀フランスの芸術史。

（3）quartier antigone montpellier などでグーグル検索をすると多数の写真が掲載されているので、参照されたい。リカルド・ボフィル（Ricardo Bofil　一九三九〜二〇二二）はスペインの建築家。

（4）作者不詳の世俗シャンソン《*L'homme armé*（ロム・アルメ、武装した人）》を定旋律としたミサ曲などは沢山ある。十五世紀に活躍したギョーム・デュファイは自作の三声のバラード《もし私の顔が青いなら》のテノール旋律を定旋律にしたミサ曲も書いている。

（5）二十曲からなる《謝肉祭》作品九の題名には、周知のように、フロレスタンやオイゼビウスというシューマンの「ダヴィッド同盟」の主役たち（明るく動的な前者と考え深く静的な後者は各々シューマンの精神的葛藤を示す分身）も使われていて、第六曲「フロレスタン」の第九〜十小節、第十九〜二十一小節でアダージョで演奏される楽句が《パピヨン》作品二の序奏に続く第一曲の冒頭部四小節から引用されているわけだ。なおシューマンにおける引用については、一九九五年刊のローゼンの *The Romantic Generation* でも「引用と記憶」という見出しのもと、楽譜つきで言及されている。cf. *Op. cit.*, p. 98–100.

(6) ローゼンが念頭に置いているのは、《パッサッジョ》(一九六一〜六二)、そしてとりわけ《シンフォニア》(一九六六〜六九)だろう… ただ、ルチャーノ・ベリオ(一九二五〜二〇〇三)はポストモダニズムの作曲家にはカテゴライズできず、むしろモダニズムの作曲家であり、引用ないしは借用は六〇年代頃のポストモダニズムの手法を一時的に取り入れたのではないだろうか… さらに《シンフォニア》では、レヴィ＝ストロースやキング牧師の言葉も引用されており、多彩な活動を展開したベリオの実験のひとつとも考えられる…

(7) Frank Gehry(一九二九〜)カナダ出身、アメリカ合衆国で活躍する建築家。ゲーリーの自邸の画像はグーグル検索で多数見ることができるので、ご覧いただきたい。

(8) カールハインツ・シュトックハウゼン(一九二八〜二〇〇七)が一九六八年に作曲した六人の歌手のための《シュティムング》は、和音的には変ロ音上の九度の和音に基づくと考えられるのだろうが、基音を使用せずに、変ロ音上の第二、三、四、五、七、九倍音だけを用いて構成され、調性システム上の九度和音は作曲家にとって問題ではなく、倍音の響き(前述の六音上の更なる倍音を含む)やそれらが繰り出す旋律の知覚が問題なのだろうから、ここでの指摘は、ローゼン自身の聞き方にかかっているのかもしれない。シュトックハウゼンやベリオをポストモダニズムに単純にカテゴライズしてよいのかについても訳者にとってはいささか疑問が残る。

(9) Philip Glass(一九三七〜)アメリカ合衆国の作曲家。

（10）交響劇《ソクラテス》（初演一九二〇年）は「ソクラテスの肖像（饗宴）」「イリソス河のほとり」「ソクラテスの死」の三部構成。

（11）Brian Ferneyhough（一九四三〜）イギリスの作曲家。

（12）René Thom（一九二三〜二〇〇二）フランスの数学者。カタストロフ理論の創始者。

（13）この協奏曲は一七七七年一月に作曲されたとされている。だとすると、一七五六年一月二十七日生まれのモーツァルトは二十歳（ぎりぎりか二十一歳）である。ローゼンは『古典派音楽の様式』の中で、後に続く話題を含め、この協奏曲に詳しく言及しているが（cf. p. 198–214）〔二五七〜二七七頁〕、そこでは「二〇歳の時」（p. 198　二五七頁）となっていて、この対談での発言：「十九歳以降」は記憶違いかと思う。もっとも、ここでは「十九歳以降」となっているから、間違いではないかもしれないが。後出の一七七五年という発言も一七七七年のおそらく誤り。翻訳書では誤解のないよう、「二十歳以降」「一七七七年」とした。なお、新モーツァルト全集に基づいたベーレンライター社刊のポケット・スコア（Kassel, Bärenreiter-Verlag, 1976 / 6th 2018）の序文で、クリストフ・ヴォルフは同作品の作曲年代をモーツァルトが二十一歳になって間もない一七七七年一月としているが、だとすると、一月末の数日間で書かれたことになる。

（14）ここでローゼンは、むしろバロック期の協奏曲の独奏部に対して、それを挟んで反復的な音楽を奏する協奏部の呼称リトルネッロ（リピエーノと言われることもある）を用いているが、ここでの「二番目のリトルネッロ」とは、楽譜から察する限り、最初の管弦楽提示部がふたつのリトルネッロから成り、その最後でピアノがトリルで侵入してきて、いわゆる独奏提示部（管弦楽は伴奏的な役割を果たす）が始まるということだろう。ピアノがトリルで侵入するのは第五十六小節からと、ピアノのカデンツァが終わってコーダに入り、ローゼンが後述している管弦楽部分にピアノが割って入ってくる部分だから。

なお前注で指摘したように、ローゼンはこの協奏曲の詳細な分析を試みているが、モーツァルトの二十二曲のピアノ協奏曲の演奏会シリーズ（イヴォンヌ・ロリオの独奏）の解説でオリヴィエ・メシアンも、ピアノが冒頭部から介入してくることと共に、「展開」がいわゆる「展開部」でのみならず、あちこちで繰り広げられている――つまり、主題がすぐに変奏されたりする――ことにも言及しているように、提示部・展開部・再現部・コーダの定式をモーツァルトは確立しようという意図も強いてなく、自由にかき乱したのだろう。cf. Olivier Messiaen, *Les 22 concertos pour piano de Mozart*, Paris, Librairie Séguier, 1987, p. 25–29.

（15）このＫ４９１の協奏曲についても『古典派音楽の様式』の中で、とりわけ p. 245–250 で言及されている〔三一三～三二〇頁〕。

（16）Denis Diderot（一七一三～一七八三）フランスの哲学者・評論家・作家。ダランベールと共に『百科全書』を編纂したことでも有名。

（17）Ludwig Tieck（一七七三～一八五三）ドイツ・ロマン主義の作家・詩人。

（18）Alan Ayckborn（一九三〇～）イギリスの劇作家。

（19）《音楽の冗談 Ein Musikalischer Spass》Ｋ５２２。一七八七年に作曲された弦楽四重奏と二本のホルンのための作品。

（20）John Constable（一七七五～一八三七）イギリスの風景画家。

（21）Caspar David Friedrich（一七七四～一八四〇）ドイツ・ロマン主義の画家。

（22）Claude Monet（一八四〇～一九二六）フランスの画家。

（23）Eugène Delacroix（一七九八〜一八六三）フランス・ロマン主義の代表的画家。

（24）Gustave Courbet（一八一九〜一八七七）フランス・写実主義の画家。

（25）《冬の旅》第一曲「おやすみ」については、*The Romantic Revolution* で譜例とともに言及され、「風景と音楽」「風景と二重になった時間スケール」をめぐる問題につながっていく。cf. p. 123–142.

（26）「美しい五月」については、*The Romantic Revolution* で詳述されている。p. 41-.

（27）Friedlich Hölderlin（一七七〇〜一八四三）ドイツの詩人・思想家。『ヒューペリオン』は書簡体の小説。

（28）Charles Rosen, Henri Zerner, *Romanticism and Realism : The Mythology of Nineteenth Century*, New York, Viking, 1984.

（29）Geroges Feydeau（一八六二〜一九二一）フランスの喜劇作家。

音楽演奏

（1）Artur Schnabel「音楽分析」訳注（5）参照。

（2）Solomon (Solomon Cutner)「音楽分析」訳注（22）参照。

（3）ローゼンが指摘しているのは、第三楽章第二二六小節部分だろう。訳者の手許にある楽譜（München, G. Henle Verlag, 1980）では、校訂者 B. A. Wallner が自筆譜、初版譜などを検討して、すでに rinforzando にし、初版譜のミスであろうと付記している。

（4）Alexei (Alexis) Haïeff（一九一四〜一九九四）中国ではなく、ロシアのブラゴヴェシチェンスク（ロシアの極東部の町）に生まれ、一九三一年以降アメリカ合衆国に住み、市民権も取得した作曲家。原著では「中国生まれ、ロシア＝アメリカ人」となっているが、生まれたのは中国ではないので変更を加えた。

（5）Honoré de Balzac（一七九九〜一八五〇）の長編小説《従妹ベット》で、ベット（リスベット）は復讐心に満ちた独身年増の醜女として描かれている。

（6）Peter Sellars（一九五七〜）アメリカ合衆国の演出家・映画俳優・脚本家。

（7）Patrice Chéreau（一九四四〜二〇一三）フランスの演出家・映画監督・俳優。

（8）Jonathan Miller（一九三四〜二〇一九）イギリスの演劇・オペラ監督・俳優・作家。

（9）Charles de Saint-Évremond（一六一三〜一七〇三）フランスの兵士・快楽主義者・随筆家・文芸評論家。

（10）Joseph Mallord William Turner（一七七五〜一八五一）はイギリスのロマン主義画家だが、版画の凹版技法、メゾティントを用いて、微妙な明暗を作った版画に水彩で着色した『ミノタウルスの難破船』他の作品もある。

（11）ここで文は切れているが、当然、もはやそれ以上装飾を付け加えるには及ばないということだろう。

身体的喜び、知的喜び

（1）《幻想小曲集》作品十二（一八三七年作曲）の第一曲。

（2）楽曲は八分の二拍子で書かれているが、右手部分は八分三連音符、十六分三連音符に分割され、左手部分は一小節の前半は十六分三連音符、後半は八分音符である場合が多い。

（3）ニコロ・パガニーニのヴァイオリン協奏曲第二番第三楽章ロンド「ラ・カンパネッラ」の主題に基づいてリストは四作品を書いている。最も有名なのは《パガニーニによる大練習曲》第三番嬰ト短調。

（4）Emil von Sauer（一八六二〜一九四二）ドイツのピアニスト・作曲家。

（5）Leopold Godowsky（一八七〇〜一九三八）ポーランド出身ユダヤ系アメリカ合衆国のピアニスト。

（6）《練習曲集》作品十の第五曲（通称《黒鍵のための練習曲》）の最後から三小節目、右手と左手が各々オクターヴで下行する音形をフォルティッシモで演奏する箇所だが、ローゼンタールは左手部分を上行形に変え、次の小節の第一拍目で両手がオクターヴ同音になるようにしたのだろうか？

（7）作品七。一八二九年作曲、何度か手直しし、一八三四年出版。シューマン自身、もっとも難しい作品のひとつと見なしたそうだが、たしかに両手とも異なる二声部を演奏する箇所もとても多く、オクターヴ進行（右手）が長く続く箇所もあり、プロでも厄介だろう。

（8）Simon Barere（一八九六〜一九五一）ウクライナ出身ユダヤ系アメリカ合衆国のピアニスト。

（9）作品三十五。一八六二年から六三年にかけて作曲。二巻に分かれ、各々十四の変奏曲で構成されている。

（10）現在（二〇二二年）でも、マウリツィオ・ポリーニなどのように自分の楽器を運んで演奏旅行に出かけるピアニストはいないわけではない。また自分で調律できてしまう人もいなくはないようだ。また著名な演奏家には、訪れる都市に好みを弁えている特定の調律師がいたりする場合もあるという。

（11）弦を金属片（タンジェント）で突き上げることで音を出す鍵盤楽器。長方形箱型で、クラヴサン（ハープシコード）に比べ音量は小さいが強弱の変化などをつけることが可能。

(12) 絶対調子、標準基音などとも呼ばれる。音楽で用いる音の高さを合わせるために選定された特定の振動数は、歴史的、地域的に異なっていたが、十九世紀後半以降、標準化の動きが高まり、中央ハ音の上のイ音を周波数四四〇ヘルツとして調律するのが基準となった。ただ場合により多少違う（演奏会などでは概して高めの）基準で調律される場合もある。

(13) cf. Charles Rosen, *The Romantic Generation, op. cit.*, p. 569–598.

(14) トータル・セリアリズムのことが問題になっているのだろうが、ローゼンのように言い切れるのだろうか…

演奏家の役割

(1) Ignacy Jan Paderewski（一八六〇～一九四一）ポーランドのピアニスト・作曲家・政治家・外交官。

(2) Harold Bauer（一八七三～一九五一）イギリス出身のピアニスト。当初ヴァイオリン奏者としても活動したが、パリでパデレフスキに学んだ後はピアノに専心。

(3) Wilhelm Backhaus（一八八四～一九六九）ドイツ出身のピアニスト。一九四六年スイスに帰化。

(4) Willem Mengelberg（一八七一～一九五一）オランダの指揮者。

(5) Arturo Toscanini（一八六七～一九五七）イタリアの指揮者。

(6) たしかに、楽譜には Allegro とのみ記されている。

(7) ショパンの没年は一八四九年、シューマンの没年は一八五六年。

(8) フレーズ（楽句）内の旋律を一層小さな単位に区切り、それに或る形と意味を与えること。

(9) ミシェル・ド・モンテーニュ『エセー 7』宮下志朗訳、白水社、二〇一六年、二四七頁。モンテーニュ（一五三三〜一五九二）の『エセー』第三巻第十三章に見出される文で、「ものごとの姿として、あまねくいえるのは、それらは変化と多様性に富んでいることなのだ」に続く表現。宮下氏の貴重なご教示に深謝します。

(10) たしかに、四分の二拍子、プレストで演奏されるこの「パガニーニ」で、左手はアクセント記号のついた十六分音符ひとつ分、フォルティッシモで先に演奏し始め（弱起）、以下上行形音形を同様に弾いていく。他方右手はスタッカート、ピアノでオクターヴの下行音形を奏する。両方がともにフォルテとなるのは十九小節の末尾からで、フォルティッシモまで至った後、三十七小節で突然ピアノピアニッシモの和音。その後短いコーダ的部分が続く。

(11) 原著の初版が出たのは一九九三年である。この協奏曲の自筆譜には未完成なところもあり、また管楽器とティンパニの扱いについては論議もあるようだ。

(12) Rosa Ponselle（本名：Rosa Melba Ponzillo）（一八九七〜一九八一）アメリカ合衆国のソプラノ歌手。

(13) Yasha Heifetz（一九〇一〜一九八七）リトアニア出身、アメリカ合衆国のヴァイオリン奏者。

(14) リヒャルト・シュトラウスのヴァイオリン・ソナタ作品十八。

(15) Julius Katchen（一九二六〜一九六九）アメリカ合衆国のピアニスト。

(16) Charles Rosen, *The Classical Style, op. cit.*, new edition:2005, p. 21.

(17) P・ブーレーズ『ウェーベルン全集』CBS SONY OODC 973-6 Stereo, 1987（最初のレコード盤はCBS, 1978-）。ローゼンは《五つの歌曲》作品三と《五つの歌曲》作品四をヘザー・ハーバー（ソプラノ）と（一九七〇年録音）、ヴァイオリンとピアノのための四つの小品》作品七をアイザック・スターン（ヴァイオリン）と（一九七一年録音）、チェロとピアノのための三つの小品をグレゴール・ピアティゴルスキー（チェロ）と（一九七二年録音）、《四つの歌曲》作品十二をハーバーと（一九七〇年録音）、《四重奏曲》作品二十二をブーレーズ（指揮）、ローゼン（ピアノ）、ダニエル・マジェスケ（ヴァイオリン）、ロバート・マルチェルス（クラリネット）、エイバラハム・ヴァインスタイン（サクソフォン）と（一九七〇年録音）、《三つの歌曲》作品二十三をハリーナ・ルコムシュカ（ソプラノ）と（一九七〇年録音）、《三つの歌曲》作品二十五をルコムシュカと（一九七〇年録音）、《ピアノのための変奏曲》作品二十七（一九六九年録音）を演奏している。

（18）一九五一年に録音。一九六二年再度録音。

（19）一八六七年に《版画》《映像》《喜びの島》などを含むピアノ音楽を録音。

（20）Pierre de la Rue（一四六〇頃～一五一八）フランコ・フラマンの作曲家・歌手。

（21）Josquin des Prés（一四五〇／一四五五?～一五二一）フランスの作曲家。

（22）Clément Janequin（一四八五頃～一五五八）フランスの作曲家。多数のポリフォニック・シャンソンの作曲で有名。

（23）Jean-Baptiste Lully（一六三二～一六八七）イタリア出身、フランスに帰化した作曲家・音楽監督。ルイ十四世に重用された。

（24）Marc-Antoine Charpentier（一六四三～一七〇四）フランスの盛期バロック音楽の作曲家。

（25）Étienne Nicolas Méhul（一七六三～一八一七）フランスの作曲家。

訳者あとがき

本書は Charles ROSEN, *Plaisir de jouer, plaisir de penser — conversation avec Catherine Temerson* (Paris, Manuella éditions, 2016) の全訳である。ただし、訳注にも付したように、原著は最初、パリのエシェル社から一九九三年に出版されたものであり、二〇一六年にローゼンフィールドの緒言をつけて再版されたのだと思う。さらに、二〇二〇年には、ハーヴァード大学出版局からキャサリン・ゼルナーによる英訳が出た（Charles Rosen/Catherine Themerson, *The Joy of Playing, the Joy of Thinking, Conversationns about Art & Performance*, translated by Catherine Zerner, Cambridge/London, The Belknap Press of Harvard University Press, 2020）。

ピアニストとして、また音楽研究者として、傑出した活動を繰り広げたチャールズ・ローゼン（一九二七～二〇一二）については、邦訳書も相当数あり、著述家としてのローゼンの名を確立した大著『古典派音楽の様式——ハイドン、モーツァルト、ベートーヴェン』（初出：一九七一年、最新改訂版：二〇〇五年）も、ついに昨年邦訳が刊行されたので、もはや多言を要さないだろう。[1] 訳者は、留学時代やその後パリを訪れる度に、音楽書コーナーに並ぶガリマール社独特の白い装丁の仏訳主要著書の背表紙を眺めてはいたが、何も仏訳を購入する必要はないし、自分の一応の守備領域に直接関わるものでもないし、とローゼンの著作に深入りすることはせずに過ごしてきた。

　そのような訳者のところに、みすず書房編集部の鈴木英果さんが邦訳の提案とともに原著のPDFを送ってこられたのは二〇二一年早春のことだった。いくら原著がフランス語で行なわれた対談に基づき、フランスで出版されたとはいえ、訳者に邦訳が務まるかと危惧しつつPDFをプリントアウトして目を通したのだが、興味深いので引き受けますとうっかり返事をしてしまった。その後、ローゼンの主要二著やカーターの楽譜、さらにモーツァルトのピアノ協奏曲の小型スコアなどを入手したり、幸い所有していた『ヴェーベルン全集』でローゼンがピアノを担当した楽曲や、ストラヴィンスキーの全作品集で同様にローゼンが担当したピアノ作品を聴き直したり、エリオット・カーター（一九〇八～二〇一二）に関するドキュメンタリーDVD『時の迷路』[2]を観て、カーター、ローゼン、ブーレーズ、バレンボイム、そしてニューヨークの有り様などを垣間見たりし、想定以上に心を躍らせながら翻訳を進めた。

　それにしても、ローゼンも対談相手のキャサリン・テマーソン（一九四四～二〇一五）も世を去った後の二〇一六年に、なぜ原著（一九九三年刊）が再版され、二〇二〇年にその英訳が出たのだろうか。原著が生まれた経緯は、テマーソンの伴侶ローゼンフィールドが二〇一六年版に寄せた緒言で明らかになっている。恐らくテマーソンの死を悼んで、ローゼンフィールドやテマーソンと親しかった人々が再版を働きかけ、その後ローゼンの盟友だった美術史家アンリ・ゼルネールが英訳の出版をハーヴァード大学出版局に提案し、ゼルネールの伴侶で同じく美術史家のキャサリン・ゼルナー（フランス語読みではゼルネール）が翻訳を担当したのではないかというのが訳者の推測。内容的には一九九三年当時ということを頭の片隅に置く必要はあり、その後音楽界のみならず、社会は変貌しているわけだが、本書で扱われている話題は、今日読んでも、説得力を少しも失っていない。それは、類稀な知性と鋭敏な感性、飽くなき好奇心の持ち主だったピアノ奏者ローゼンが全生涯を傾けた演奏と研究の両面にわたる弛まぬ活動によるものだ。

　対談相手を務めたテマーソンは、ローゼンより相当年下だが、長年ローゼンと親交があり、父親はヴァイオリン奏者だったということの他に、訳者は当初気づかなかったのだけれど、一

1　同書はヘレンおよびエリオット・カーター夫妻に捧げられている。もう一冊の大著『ロマン派の世代』の邦訳がないのは残念だが、本書の中でもしばしば言及されており、今や原著を読む方が手っ取り早いかもしれない。

2　*Elliott Carter A labyrinth of time*, Ideal Audience, DVD09DS17 (2004)。オランダ出身のフランク・シェッファー制作。

九八〇年代から二〇〇〇年にかけて、ニューヨークの演劇活動において地味だが貴重な役割を果たした人物でもある。略歴に記されているUbu Repertory Theaterは、フランスのフランソワーズ・クリルスキー（演出家・劇場監督・教育者、一九三三〜二〇一二）が一九八二年、フランス文化省の支援を得てニューヨークに創設した組織で、フランス語圏の演劇を翻訳を通じてアメリカ合衆国に広めることを目的としたものだった。テマーソンはクリルスキー時代の同組織[3]の文芸部長として、恐らくプログラムや翻訳・翻案を統括し、自らも数々の作品の英語訳に携わったのだろう（略歴に挙げたヴィーゼルはノーベル平和賞を受賞したルーマニア出身のユダヤ系作家、マアルーフはレバノン出身の作家）。そうした豊かな経験も、ローゼンの性格を十分飲み込み、対談をバランス良く、音楽以外の芸術領域にも話を向けて見事に進行させるのに役立っただろうことは想像するに難くない。

半ば忘却された後、幸いにして再び世に現れた、小規模ながらも魅力にあふれた書物。本書でのローゼンは、他の著書ではそれらの性格上控えている私的な見解や気持ちも時に吐露し、柔軟かつ率直に自分の位置や立場を述べている。だからといって、ローゼンの基本的な姿勢は変わっていない。モダニズムの世代に属するローゼンは、ポストモダンの動向に距離を置いているが、ポストモダンの流行からも時が経った現在、脱構築や（大文字の）歴史の終焉、価値や文化の相対性といった問題も、モダニズムやそれ以前に回帰しようというのではなく、人間の身体や思考――頭脳も身体のうちだから、思考も身体機能から全く独立したものではあり得ない――の可能性や限界を見据えつつ、冷静に考え直す必要はあるだろう。「今日人々はもはや普遍的な価値体系を信じてはおらず、価値は細分化されています。そうした細分化が相対主義に通じると考えるのは誤りです。〔…〕様々な価値体系を比較し、それらの有効性、それらの不可避性やそれらの適切さを近代文明と関連づけて判断するのを妨げるものは何もありません」[4]とローゼンは語っている。様々な価値体系や表現形式を比較・検討しながら、「ものごとの姿として、あまねくいえるのは、それらは変化と多様性に富んでいることなのだ」というモンテーニュの言葉を反芻し、人間として歩む道をとりあえず自己の責任で判断・選択して歩むのが私たちにできるせめてもの生き方なのではないだろうか。ルイジ・ノーノが晩年の作品題名とした「進むべき道はない、だが進まなければならない…」[5]が脳裏をよぎる…

3　アルフレッド・ジャリの戯曲の主人公ユビュの名を冠した組織だが、そのイメージだけで想像すると誤解してしまうだろう。紹介した作家はカミュ、サルトル、デュラスなど著名な人物にとどまらず、フランスに亡命・移住した作家たち、フランス語で創作したセゼールなど多岐にわたった。

4　本書四三～四四頁。

5　Luigi Nono（一九二四～一九九〇）はイタリアの作曲家。一九八七年に作曲された同作品の題名はトレドの修道院の回廊の壁に書かれていたものに由来するという。

今後もテクノロジーは進歩発展の歩みを止めず、情報は過剰なばかりに溢れ続けるだろう。音楽の世界でも、一方で録音・録画や配信はますます容易になっているが、特にいわゆる芸術音楽に関して、レコード会社は採算を考えて、入念なスタジオ録音を渋り、ライヴ録音を増やしているし、宣伝を考えて、ショービジネスやイヴェント効果を狙った音楽実践が過度なまでに推進されているようにも思われる。

　そのような状況のなか、新型肺炎の全世界的な蔓延が長引き、地球温暖化の脅威も増し、さらには悲惨な紛争も後を絶たない。しかし、ローゼンの言うように、「私たちの音楽は、それを演奏することに身体的な喜びを感じる音楽家たちが存在する限り存続[6]」し、身体と結びついた脳の働きによる、音楽を深く広く考える喜びも存続すると信じたい。

　亡くなる前年の二〇一一年、ローゼンは当時のオバマ大統領からNational Humanities Medal（米国人文科学メダル）を授与された。音楽がその一分野である人文諸科学に貢献した証として。現代人、そしてとりわけ日本人には馴染みのない捉え方かもしれないが、音楽は、ヨーロッパにおいて、古くから自由学芸（リベラルアーツ）を構成する七学科のひとつだった。音楽を堅苦しい学芸に押し込めるには及ばないにせよ、そうした角度から省察するのも、今、あらためて意義のあることなのではないか。

　なお、本書の「緒言」は原文が英語なので、重訳を避けるため、英語版の文章から邦訳し、またフランス語読者のために作成された書誌とディスコグラフィも、原出版社の了解を得て、英語版に準拠した。[7] 翻訳には細心の注意を払ったつもりだが、不適切だったり誤りである箇所も残っているかもしれない。ご指摘いただければ幸いである。

最後に、つねに訳者の心の支えとなってくださっている友人・知人諸氏、今回とりわけモンテーニュに関する貴重な情報・示唆を提供してくださったフランス文学者宮下志朗氏、そして訳者の仕事を手際よく進行させてくださった鈴木英果さんに心より感謝申し上げます。

二〇二二年三月

笠羽映子

6　本書、一三三頁。

7　ディスクはCD化されたものでも、現在の私たちには相当入手が困難だ。どこかに残っているというだけで幸いなのだが。ローゼンには申し訳ないが、訳者はあくまで探すことを早々と断念してしまった。他方、ローゼンの言及していない現代のピアニストたちのなかにも傑出した人物はいる。たとえば、カーターの《夜のファンタジー》にはピエール＝ロラン・エマールの秀逸な録音もあるし、ベートーヴェン、シューマン、ショパン、ドビュッシー、その他の演奏に秀でた演奏家も多数いることは周知の通りだ。録音やライヴで楽しみつつ、ローゼンの発言をさらに熟考されたい。

年代不詳

Beethoven, Ludwig van. Piano Sonatas Nos. 27 & 29（LP Album）CBS S 61173.

Beethoven, Ludwig van. Piano Sonata No. 30 in E Major, op. 109; Piano Sonata No. 31 in A-flat Major, op. 110.（LP, Album）CBS S 61172.

Stravinsky, Igor, and Arnold Schoenberg. Stravinsky: Sérénade en la majeur pour piano; Sonate pour piano; Schoenberg: Klavierstücke, Suite für Klavier, op. 25.（LP Album）. Columbia 33 FCX 973.

以下も参照：2014. Charles Rosen, *The Complete Columbia and Epic Album Collection*.（21×CD＋Box）Sony Classical 88843014762.

キャサリン・テマーソン

1973　with Hélène Clément. *Catching Up with America: Economy and Civilization*. Paris: Librairie Belin.

1982　“Sol Yurick: An Interview”. *Shantih: A Quarterly of International Writings*. New York.

1985　Review of *A Certain Tendency of the Hollywood Cinema,* by Robert A. Ray. *New York Times Book Review*, July 28.

1987　“French Literature in Birnbaum’s France”, Boston: Houghron Mifflin.

1989　“Mstislav Rostropovich-Nina Berberova: Duo d’Exil”. *Vogue*. Paris, December 1989-January 1990.

1990　with Nathalie Robatel, *Hollywood: petite histoire d’un grand empire*. Paris: Éditions Eshel.

1995　“*Sturm und Drang* and Enlightenment in Literature and Music: Conversation with Charles Rosen”. *Revue Germanique Internationale*, no. 3. Paris, January.

（書誌とディスコグラフィは英語版に拠る）

Clarinet, Tenor Saxophone, Piano and Violin op. 22; Three Songs op. 23; Three Songs op. 25; Variations for Piano op. 27. Pierre Boulez, conductor; Heather Harper, soprano; Halina Lukomska, soprano; Issac Stern, violin; Gregor Piatigorsky, cello; Daniel Majeske, violin; Robert Marcellus, clarinet; Abraham Weinstein, saxophone. Columbia Masterworks M4 35193.

1981 Beethoven, Ludwig van. *The Great Middle Period Sonatas.* (3 × LP + Box) Nonesuch 78010.

1983 Carter, Elliott. *Night Fantasies*; Piano Sonata. Etcetera ETC 1008.

1984 Schumann, Robert. *The Revolutionary Masterpieces: Impromptus über ein Thema von Clara Wieck* op. 5; *Davidbündlertänze* op. 6; *Carnaval* op. 9: Sonata in F-sharp Minor op. 11; *Kreisleriana*, op. 16; *Dichtungen für das Pianoforte: First Version of the Fantasy in C major.* (3 × LP + box) Nonesuch 79062.

1986 Beethoven, Ludwig van. Piano Sonatas op. 26, "*Funeral March*"; op. 27, no. 1; op. 27, no. 2, "*Moonlight*"; Bagatelles op. 119. Nonesuch 79122.

1990 *Charles Rosen Plays Chopin: 24 Mazurkas.* (CD) Globe GLO 5028.

1990 Chopin, Frédéric. Polonaise-fantaisie no. 7 for Piano in A-flat Major, op. 61; Piano Sonata no. 2 in B-flat Minor, op. 35; Ballade for Piano no. 1 in G Minor, op. 23; Ballade for Piano no. 3 in A-flat Major op. 47; Barcarolle for Piano in F-sharp Major op. 60. Music and Arts 609.

1992 Bach, Johann Sebastian. The Goldberg Variations, BWV 988. Sony Classical SBK 48 173.

1995 Bartók, Béla. Sonata no. 1, op. 21; Sonata no. 2. Sony Classical 64535.

1997 Carter, Elliott. *The Complete Music for Piano*. Bridge 9090.

E-flat Major for Piano and Orchestra. Chopin: Concerto no. 2 in F-minor for Piano and Orchestra op. 21. John Pritchard conducting the New Philharmonia Orchestra. Epic LC 3920 / BC 1320.

1966 *Virtuoso! Electrifying Performances of the World's Most Difficult Piano Showpieces*. Epic 3912 / BC 1312.

1967 Debussy, Claude. *Piano Music: La plus que lente, Images* (*Books I and II*), *Hommage à Haydn, Berceuse héroïque, L'Isle joyeuse, Estampes*. Epic LC 3945 / BC 1345.

1968 Carter, Elliott. Double Concerto for Harpsichord and Piano with Two Chamber Orchestras. Paul Jacobs, harpsichord; English Chamber Orchestra, Frederick Prausnitz, conductor. Columbia MS 7181.

1969 Bach, Johann Sebastian. *The Last Keyboard Works; A Musical Offering: Ricercar in 6 Voices, Ricercar in 2 Voices; The Art of Figue;* The Goldberg Variations. Odyssey 32 26 0020.

1969 Haydn, Franz Joseph. Three Piano Sonates: Sonata for Keyboard No. 33 in C minor, H. 16, no. 20; Sonata for Keyboard No. 31 in A-flat major, H. 16, No. 46; Sonata for Keyboard No. 32 in G minor, H. 16, No. 44. Vanguard VCS 10131.

1971 Beethoven, Ludwig van. *Variations on a Waltz by Diabelli*. op. 120. Symphonica SYM 09.

1972 Boulez, Pierre. Piano Sonata No. 1; Piano Sonata No. 3: *Trope, Constellation*. CBS 72871.

1977 Beethoven, Ludwig van. Piano Concerto no. 5 in E-flat op. 73, "*Emperor*". Symphonica of London, Wyn Morris, conductor. Symphonica SYM 10.

1978 Beethoven, Ludwig van. Piano Concerto no. 4 in G, op. 58. Symphonica of London, Wyn Morris, conductor. Symphonica SYM 12.

1978 Webern, Anton. *The Complete Works of Anton Webern, vol. 1:* Five Songs op. 4; Four Pieces for Violin and Piano op. 7; Three Little Pieces for Cello and Piano op. 11; Four Lieder op. 12; Quartet for

1960 Chopin, Frederic. Ballade op. 52; Scherzo op. 39; Polonaise op. 53; Mazurka, op. 6, no. 2; Mazurkas, op. 50, nos. 2 & 3; Nocturne, op. 27, no. 2; Nocturne, op. 15, no. 2; Nocturne, op. 62, no. 1. Epic LC 3709 / BC 1090.

1961 Stravinsky, Igor. Movements for Piano and Orchestra. Columbia ML 5672 / MS 7054.

1962 Debussy, Claude. 12 Études (Books I and II complete). Epic LC 3842 / BC 1242.

1962 Schubert, Franz, and Mozart, Wolfgang Amadeus. Schubert: Sonata in A Major op. posth., D. 959; Mozart: Rondo in A minor, K. 511. Epic LC 3855 / BC 1255.

1962 Carter, Elliott. Double Concerto for Harpsichord and Piano with Two Chamber Orchestras; Concerto for Violin, Cello, Ten Winds and Percussion. Leon Kirchner, Ralph Kirkpatrick, Gustav Meier, Tossy Spivakovsky, Aldo Parisot. Epic LC 3830 / BC 1157.

1962 Carter, Elliott. Suite from *Pocahontas* ; Piano Sonata. Zurich Radio Orchestra, Jacques Monod. Epic LC 3850 / BC 1250.

1963 Schumann, Robert. *Davidsbündlertänze; Carnaval*. Epic LC 3869 / BC 1269.

1964 Liszt, Franz. *Réminiscences de Don Juan* (1 & 2) for piano, after Mozart, S. 418; Années de pèlerinage, deuxieme année: Italie, no. 5: *Sonetto 104 del Petrarca* S. 161; Hungarian Rhapsody for Piano no. 10 in E Major, S. 244. Epic LC 3878 / BC 1278.

1964 Bartók, Béla. Improvisations op. 20; Études op. 18. Epic LC 3878 / BC 1278.

1965 Beethoven, Ludwig van. Sonata No. 29 in A-flat Major, op. 106, "*Hammerklavier*"; Sonata No. 31 in A-flat Major, op.110. Epic LC 3900 / BC 1300.

1965 Carter, Elliott. Piano Sonata; Double Concerto for Harpsichord and Piano with Two Chamber Orchestras. Ralph Kirkpatrick, harpsichord; Gustav Meier, conductor. His Master's Voice ASD 601.

1966 Liszt, Franz, and Chopin, Frédéric. Litzst: Concerto No. 1 in

2010　*Music and Sentiment*. New Haven: Yale University Press.〔『音楽と感情』朝倉和子訳、みすず書房、2011〕
2012　*Freedom and the Arts*. Cambridge, MA: Harvard University Press.

そのほか以下に寄稿多数：*The Dictionary of Contemporary Music, The New Grove Dictionary of Music and Musicians, High fidelity, Keynote, Musical Times, New York Review of Books, New York Times, New York Times Book Review, Times Literary Supplement.*

録音

1950　Martinů, Bohuslav. Sonata for Piano and Flute. Charles Rosen with René Le Roy, George Reeves.（LP, mono）EMS 2.
1950　Haydn, Franz Joseph. Partita in F Major（Notturno, no. 4）; Sonata for Keyboard No. 61 in D Major. H. 16, no. 51; Sonata for Keyboard No. 35 in A-flat Major, H. 16. no. 43. EMS series.
1951　Debussy, Claude. Douze Études. R. E. B. Editions 6.
1951　Poulenc, Francis. Sextet for Flute, Oboe, Clarinet, Bassoon, Horn and Piano; Trio for Oboe, Bassoon and Piano. Fairfield Chamber Group: Harry Shulman, oboe; David Weber, clarinet; Leonard Sharrow, bassoon; Harold Bennett, flute; Fred Klein, horn. R. E. B. Editions 7.
1954（?）　Brahms, Johannes. Variations on a Theme by Paganini, op. 35（Books I and II）; Valses, op. 39. Decca FST 133083.
1955　Mozart, Wolfgang Amadeus, and Scarlatti, Domenico. *The Siena Pianoforte*. Esoteric Records ESP-3000.
1960（?）　Mozart, Wolfgang Amadeus. Sonata No. 32 in B-flat Major for Violin and Piano, K. 454; Sonata No. 33 in E-flat Major for Violin and Piano, K. 481. Reinhard Peters, violin. London LL 674.
1960　Ravel, Maurice. *Gaspard de la Nuit; Le Tombeau de Couperin*. Epic LC 3589.

書誌とディスコグラフィ

チャールズ・ローゼン

著作

1971　*The Classical Style: Haydn, Mozart, Beethoven*. New York: Viking.〔『古典派音楽の様式——ハイドン・モーツァルト・ベートーヴェン』大久保賢・中村真訳、音楽之友社、2021〕

1975　*Arnold Schoenberg*. New York: Viking.〔『シェーンベルク』武田明倫訳、岩波書店、1984〕

1980　*Sonata Forms*. New York: W. W. Norton.〔『ソナタ諸形式』福原淳訳、アカデミア・ミュージック、1997〕

1984　*The Musical Languages of Elliott Carter*. Library of Congress, Washington, DC.

1984　with Henri Zerner. *Romanticism and Realism: The Mythology of Nineteenth-Century Art*. New York: Viking.

1994　*The Frontiers of Meaning: Three Informal Lectures on Music*. New York: Hill & Wang.

1995　*The Romantic Generation*. The Charles Eliot Norton Lectures. Cambridge, MA: Harvard University Press.

1998　*Romantic Poets, Critics, and Other Madmen*. Cambridge, MA: Harvard University Press.

2000　*Critical Entertainments: Music Old and New*. Cambridge, MA: Harvard University Press.

2002　*Beethoven's Piano Sonatas: A Short Companion*. New Haven: Yale University Press.〔『ベートーヴェンを“読む”——32のピアノソナタ』小野寺肅訳、土田京子・内藤晃監修、道出版、2011〕

2002　*Piano Notes*. New York: Free Press.〔『ピアノ・ノート——演奏家と聴き手のために』朝倉和子訳、みすず書房、新装版 2018〕

著者略歴

(Charles Rosen, 1927-2012)

ニューヨークに生まれる．コンサート・ピアニスト，音楽批評家・理論家．4歳でピアノを始め，11歳よりヘドヴィク・カンナー，モーリッツ・ローゼンタールに師事する．1951年プリンストン大学で博士号取得（フランス文学）．ニューヨーク州立大学，オックスフォード大学，ハーバード大学，シカゴ大学などで教鞭をとる．『ニューヨーク・レビュー・オブ・ブックス』に定期的に執筆．邦訳された著書に『古典派音楽の様式――ハイドン・モーツァルト・ベートーヴェン』大久保賢・中村真訳（音楽之友社 2021），『シェーンベルク』武田明倫訳（岩波書店 1984），『ソナタ諸形式』福原淳訳（アカデミア・ミュージック 1997），『ベートーヴェンを“読む”――32のピアノソナタ』小野寺粛訳，土田京子・内藤晃監修（道出版 2011），『ピアノ・ノート――演奏家と聴き手のために』朝倉和子訳（みすず書房 新装版 2018），『音楽と感情』朝倉和子訳（みすず書房 2011）がある．

(Catherine Temerson, 1944-2015)

ニューヨーク大学で博士号取得（比較文学）．ニューヨークの Ubu Repertory Theater の文芸部長．エリ・ヴィーゼルなどの英語への翻訳を多数手がける．父レオン・テマーソンはニューヨーク・フィルの第一ヴァイオリン奏者．ローゼンと長い親交があった．

訳者略歴

笠羽映子〈かさば・えいこ〉 1981年パリ第4大学で博士号取得（音楽学）．早稲田大学名誉教授．ブーレーズ『現代音楽を考える』（青土社 新装版 2007），『ブーレーズ／ケージ往復書簡 1949-1982』（みすず書房 2018）ほかブーレーズ関係訳書多数．他の訳書に『バーンスタイン　音楽を生きる』（青土社 新装版 2018），『ドビュッシー書簡集 1884-1918』（音楽之友社 1999），ルシュール『伝記 クロード・ドビュッシー』（音楽之友社 2003），ストラヴィンスキー『音楽の詩学』（未來社 2012），『私の人生の年代記』（未來社 2013）などがある．*Œuvres Complètes de Claude Debussy* (Paris, Durand, 1985-) 中，数巻の編集・校訂に関与．

チャールズ・ローゼン
キャサリン・テマーソン
演奏する喜び、考える喜び
笠羽映子訳

2022年5月9日　第1刷発行

発行所　株式会社 みすず書房
〒113-0033 東京都文京区本郷2丁目20-7
電話 03-3814-0131(営業) 03-3815-9181(編集)
www.msz.co.jp

本文組版　キャップス
本文印刷所　萩原印刷
扉・表紙・カバー印刷所　リヒトプランニング
製本所　松岳社
装丁　細野綾子

ISBN 978-4-622-09071-7
[えんそうするよろこびかんがえるよろこび]